*Razão de Ser*

Editora Appris Ltda.
1.ª Edição - Copyright© 2020 dos autores
Direitos de Edição Reservados à Editora Appris Ltda.

Nenhuma parte desta obra poderá ser utilizada indevidamente, sem estar de acordo com a Lei nº 9.610/98. Se incorreções forem encontradas, serão de exclusiva responsabilidade de seus organizadores. Foi realizado o Depósito Legal na Fundação Biblioteca Nacional, de acordo com as Leis nos 10.994, de 14/12/2004, e 12.192, de 14/01/2010.

Catalogação na Fonte
Elaborado por: Josefina A. S. Guedes
Bibliotecária CRB 9/870

| | |
|---|---|
| P227r<br>2020 | Paredes, Alexandre<br>   Razão de ser / Alexandre Paredes.<br>   1. ed. – Curitiba: Appris, 2020.<br>   97 p. ; 21 cm - (Artêra).<br><br>   Inclui bibliografias<br>   ISBN 978-65-5523-116-8<br><br>   1. Ficção brasileira. I. Título. II. Série.<br><br>                                                                                                                CDD – 355 |

Editora e Livraria Appris Ltda.
Av. Manoel Ribas, 2265 – Mercês
Curitiba/PR – CEP: 80810-002
Tel. (41) 3156 - 4731
www.editoraappris.com.br

Printed in Brazil
Impresso no Brasil

Alexandre Paredes

*Razão de Ser*

## FICHA TÉCNICA

| | |
|---|---|
| EDITORIAL | Augusto V. de A. Coelho |
| | Marli Caetano |
| | Sara C. de Andrade Coelho |
| COMITÊ EDITORIAL | Andréa Barbosa Gouveia (UFPR) |
| | Jacques de Lima Ferreira (UP) |
| | Marilda Aparecida Behrens (PUCPR) |
| | Ana El Achkar (UNIVERSO/RJ) |
| | Conrado Moreira Mendes (PUC-MG) |
| | Eliete Correia dos Santos (UEPB) |
| | Fabiano Santos (UERJ/IESP) |
| | Francinete Fernandes de Sousa (UEPB) |
| | Francisco Carlos Duarte (PUCPR) |
| | Francisco de Assis (Fiam-Faam, SP, Brasil) |
| | Juliana Reichert Assunção Tonelli (UEL) |
| | Maria Aparecida Barbosa (USP) |
| | Maria Helena Zamora (PUC-Rio) |
| | Maria Margarida de Andrade (Umack) |
| | Roque Ismael da Costa Güllich (UFFS) |
| | Toni Reis (UFPR) |
| | Valdomiro de Oliveira (UFPR) |
| | Valério Brusamolin (IFPR) |
| ASSESSORIA EDITORIAL | Evelin Louise Kolb |
| REVISÃO | Andrea Bassoto Gatto |
| PRODUÇÃO EDITORIAL | Lucas Andrade |
| DIAGRAMAÇÃO | Daniela Baumguertner |
| CAPA | Giuliano Ferraz |
| COMUNICAÇÃO | Carlos Eduardo Pereira |
| | Débora Nazário |
| | Karla Pipolo Olegário |
| LIVRARIAS E EVENTOS | Estevão Misael |
| GERÊNCIA DE FINANÇAS | Selma Maria Fernandes do Valle |

# *Agradecimentos*

À Fernanda Canellas, por sua contribuição fundamental para este projeto acontecer.

Aos meus pais, Flávio e Rosali Paredes, por toda a base que me deram.

À minha esposa, Marlene Patrícia, por ser meu porto seguro e minha inspiração; obrigado, também, pelo apoio e pela fotografia.

Aos meus filhos, Daniel, Jaqueline e Caio (todos Rivas Paredes), por serem a minha alegria de viver.

Minha imensa gratidão aos profissionais da Editora Appris e da Artêra por terem tornado possível a realização deste livro.

E obrigado a Deus, por ser a *Razão de Ser* deste livro e da nossa existência.

## *Prefácio*

Convido o leitor a fazer silêncio, vir a um lugar à parte e permitir-se voltar-se para dentro de si mesmo e deixar que a melodia da beleza lhe assuma as fibras sensíveis do Espírito.

Algo como o músico, na orquestra, portando o instrumento, pegar as partituras e atentar às ondulações do regente.

Nesse contexto, os metais, a percussão, as madeiras e os instrumentos de cordas se harmonizam e a sinfonia envolve-nos no halo da beleza e da paz.

O trabalho do nosso Alexandre Paredes fala ao Espírito, toca a alma, eleva sentimentos.

As mensagens possuem odor de poemas e convida-nos a caminhar na leveza das notas musicais que aprofundam ensaios de buscas da Espiritualidade ao encontro do Sagrado.

Cada frase fala-nos de reflexões, de sentimentos.

No contexto, em tudo, o convite ao grande mergulho no oceano da nobreza das coisas santas.

A leitura relembra-nos que todos temos sede de Deus.

Navegando nesta musicalidade sentimos saudades do belo, de Jesus.

De mim para comigo, nas muitas vezes que reli, sinto que as janelas da alma se deixam luarizar por uma claridade que fala do belo, porque simples, de infinito.

Nas primeiras palavras fiz um convite desejando sintonizá-lo com a Vida, com o Criador, que é o propósito deste livro.

Esperamos que, ao final da leitura, dentro de você tenha brotado o filantropo, preocupado com o outro, com o próximo; o filósofo, pleno de inquietações, que lhe aprimore o desejo do bem, do belo;

do sonhador, que vê no micro ou no macro a mão da Eterna Vida, a mão de Deus... a *Razão de Ser*.

*João Rabelo*
*Brasília/DF, 20 de janeiro de 2020.*

*O segredo da felicidade não é segredo; só é preciso silenciar e escutar, pois a natureza fala baixinho.*

*(O Segredo – Alexandre Paredes)*

# *Caro leitor*

Este é um livro de reflexões, em forma de poesia, prosa ou ensaios sobre diversos temas relacionados à espiritualidade, ao sentido da existência, à nossa razão de ser e à razão de ser das coisas, um olhar sobre tudo o que se relaciona à alma humana e sobre como temos levado nossas vidas.

Somos seres espirituais acima de tudo. Em cada um de nós habita esse ser que pensa, que reflete, que sente, que intui, que vive e sobrevive à desagregação da matéria, que dá sentido à própria vida e ao mundo que o cerca. Habita em nós, também, esse Ser que tudo criou, e que nos criou com algum propósito, uma Razão de Ser. E foi tendo isso em mente – a realidade de que somos seres imortais e divinos – que são, aqui, abordados os mais variados temas.

O livro foi pensado para ser saboreado em doses homeopáticas, de forma leve, sem pressa. De modo geral, a correria de nossas vidas não deixa muito espaço para a reflexão, mas sempre temos alguns minutos do nosso dia para fazermos uma pausa para nós mesmos e lermos um pouco a cada dia.

Cada ser humano aqui neste mundo está dotado de uma riqueza única. Cada dificuldade, cada luta, cada experiência vivida extrai de nós o sumo da nossa existência, nossa essência, aquilo que há de melhor em nós, o nosso lado espiritual, a nossa verdade interior.

Essa verdade não pertence a mim, nem a ninguém, mas está disponível em nossos corações e consciências; só precisamos aprender a escutá-la dentro de nós; só precisamos aprender a escutar a voz da natureza, a voz da nossa natureza.

O que busco com esta singela obra é compartilhar um pouco da riqueza que consegui extrair da vida e de outras pessoas que me antecederam e que tanto me ensinaram.

Uma gota d'água, quando pura, transparente, por menor que seja, consegue refletir toda a beleza da luz do sol. Da mesma forma, um poema, uma reflexão, um pensamento, por menor que seja, pode refletir a luz do bem e da paz, quando puro de intenções e quando envolvido nos melhores sentimentos.

E é isto o que desejo a você, leitor: o bem e a paz em sua vida! Espero, também, contribuir para que você encontre em si e em tudo a sua razão de ser.

# Sumário

*Caminho do Meio* ........................................................ 15
*A Força e a Coragem* ................................................. 16
*A Chave do Coração* .................................................. 18
*Quando a Dor Bater à Tua Porta* ............................... 20
*Renúncia* .................................................................... 21
*Céu e Inferno* ............................................................. 22
*Grandezas* .................................................................. 24
*Amor Pleno* ................................................................ 25
*Moradas do Infinito* ................................................... 26
*Superação* .................................................................. 28
*Síntese* ....................................................................... 28
*Rastros* ....................................................................... 29
*A Diferença* ................................................................ 30
*Universo* ..................................................................... 31
*Quem Sou Eu* ............................................................. 34
*Destino* ....................................................................... 37
*Depressão e Modernidade* ......................................... 39
*Natal com Jesus* ......................................................... 43
*Quantidade Versus Qualidade* .................................... 44
*Distorções* .................................................................. 45
*Saúde* ......................................................................... 46
*Fim dos Tempos* ......................................................... 48
*Comunicação* .............................................................. 51
*Pensa* .......................................................................... 52
*Corrupção* ................................................................... 53
*O Segredo* ................................................................... 55
*Bem-Estar* ................................................................... 56
*Milagres* ...................................................................... 57
*Providência* ................................................................. 59
*Libertando-se* .............................................................. 60
*Poderoso Medicamento* .............................................. 61

*Confissões* ............................................................................... 62
*Paz* ........................................................................................ 63
*Escolhas* ............................................................................... 65
*A Centelha do Bem* .............................................................. 66
*Não Tema* ............................................................................ 67
*Em Tudo* .............................................................................. 68
*Beneficência* ........................................................................ 69
*Divino e Humano* ................................................................ 71
*Verdade e Vida* .................................................................... 72
*Caminhos* ............................................................................ 73
*Feliz Ano Novo* .................................................................... 74
*Simples Assim* ..................................................................... 76
*Contradições de Nosso Tempo* ........................................... 77
*Necessidades Básicas* .......................................................... 80
*Tempo de Extremos* ............................................................ 81
*Projeto de Vida* ................................................................... 83
*Sentido* ................................................................................ 85
*Luz no Olhar* ....................................................................... 86
*Relacionamentos* ................................................................ 87
*Lei de Amor* ........................................................................ 91
*Sucesso* ............................................................................... 92
*Crenças* ............................................................................... 94
*A Deus* ................................................................................ 95
*Não Basta* ........................................................................... 96

## *Caminho do Meio*

Ser justo, mas com amor.
Amar, mas sem aprisionar.
Amparar, mas sem fazer pelo outro o que ele deve fazer
por si mesmo.
Ajudar, mas sem tirar do outro o direito de escolher seu
próprio caminho.

Perdoar, mas sem ser conivente com o mal.
Esquecer o mal, mas sem ser indiferente a ele.
Ser pacífico, mas não passivo diante dos acontecimentos.
Cultivar a não violência, mas sem violentar a si mesmo.

Lutar com coragem, mas aceitar a derrota como parte das
experiências da vida.
Ter coragem de enfrentar os próprios limites,
mas também de reconhecer as próprias fraquezas.
Servir ao dever, mas sem ser oprimido por ele e sem escravizar-se
a coisa alguma.

Viver com prazer, mas não viver em função dele.
Ser simples e humilde, o que não significa andar mal vestido
ou descuidar-se de si mesmo.
Conservar puro o coração, o que não significa esconder de si os
próprios sentimentos.

Crer em Deus, mas sem atribuir a Ele aquilo que nos compete.
Cultivar a fé, mas sem abdicar da razão.
Caminhar com equilíbrio, eis o nosso maior desafio.
Sem equilíbrio, tombamos sempre...
para um lado... ou para outro.

Amor... Sabedoria.
Bondade... Justiça.
Sentimento...Razão.
Harmonia.

## *A Força e a Coragem*

A violência não é uma demonstração de força, mas de fraqueza. A atitude de cólera ou brutalidade demonstra desespero ante as lutas da vida e falta de confiança em si mesmo. O homem violento procura suprir, por meio da violência, a força que lhe falta. Aquele que confia em sua força interior é sempre calmo, pois tem convicção de que alcançará o objetivo visado.

Quem usa de arrogância deixa patente que não possui autoridade verdadeira, nem a liderança natural dos verdadeiros líderes. Precisa impor-se por meio de uma falsa grandeza, que apenas irrita, afasta, desagrega.

Chorar não é sinônimo de fraqueza; significa apenas que somos seres humanos, que sentimos. Muitas vezes, há mais coragem em mostrar os próprios sentimentos, ou as "fraquezas", do que em escondê-las de nós mesmos. Aquele que apenas as esconde parece forte, mas sucumbe diante das menores tempestades da vida.

O homem humilde é forte. Mesmo ofendido, não se ofende, mesmo humilhado, não se sente como tal; está sempre sereno; não sofre com o que não tem, nem pelo que o outro tem. É inabalável, enquanto o orgulhoso é facilmente ferido.

Aquele que se fere com facilidade demonstra não conhecer a si mesmo ou dá razão àquele que ofende. Quem se conhece profundamente não se abala com ofensas, nem se regozija com elogios, pois tanto um quanto outro não alteram, em essência, o que somos de fato.

Quem perdoa liberta-se de um espinho cravado no peito. E quem é livre tem mais força para viver do que o escravo de seus próprios ressentimentos.

Há mais coragem em ser ofendido e não ofender, em calar-se quando alguém que perdeu o governo sobre si mesmo fala tolices sobre nós, do que em retribuir insulto por insulto, tolice por tolice.

A coragem, às vezes, é saber sorrir quando o mundo parece desabar. Às vezes, é saber demonstrar que sente, que chora e também erra.

A verdadeira coragem não é a daquele que nada teme, mas, sim, a daquele que enfrenta os próprios medos, pois quem nada teme não precisa de coragem alguma.

A rocha é o símbolo da força, mas a água que, no transcorrer dos milênios, perfura e molda a rocha, é o símbolo da coragem e da perseverança. Quem é mais forte? A planta flexível e humilde, rasteira, que se curva perante o temporal devastador, ou o tronco rígido da árvore soberba, imponente e solitária, que se parte diante das tempestades da vida?

Há mais coragem quando se enfrenta a si mesmo do que quando enfrentamos o mundo. Aquele que luta contra o outro está fugindo de si próprio, de sua luta interior. Mas quando vencemos a nós mesmos, nosso orgulho e egoísmo milenares, cessam nossas lutas contra nosso próximo.

## *A Chave do Coração*

Para encontrar o caminho da felicidade
É preciso abrir a porta do coração
Acender a luz da caridade
E encontrar a chave do perdão

No coração encontram-se latentes
As sementes do amor e da verdade
E a força interior vivente
Capaz de salvar a humanidade

Se permitirmos em nossa vida
Acumular o entulho da mágoa
Será então como artéria entupida
Impedindo fluir a alegria em nossa alma

Perdoar é esquecer a mágoa
Mas sem esquecer quem nos magoou
Não é aprovar a ofensa ou fingir que não foi nada
Mas amar e entender o ofensor

Para ser livre de toda dor em seu peito
Ame a vida, ame o outro, ame o mundo
Ame muito, lá do fundo
O homem, apesar de tudo, ainda tem jeito

Busque em você a sua luz interior
Ela é um farol a ser ligado a qualquer momento
Mas que tem um pequeno interruptor
Que não pode ser acionado de fora para dentro

Só você pode achar o caminho onde vai dar
Os seus sonhos mais queridos
Mas não viva só do seu próprio bem-estar
Enquanto o mundo traz consigo toda a dor dos excluídos

Estenda a sua mão a quem lhe pede pão
Escute a voz de quem tem tanto a falar
Quem faz do outro seu irmão
Não encontra a solidão e faz do mundo o seu próprio lar

Não deixe que a tristeza lhe torne alguém triste
Nem mesmo que a amargura em amargo lhe transforme
Por trás de toda dor que às vezes tanto insiste
Existe uma lição para que sua alma se reforme

Quem encontra em seu íntimo o consolo da fé
Sossega a vida, acalma a ferida que está doendo
Busca a chama do bem e enfrenta tudo o que vier
Acende o fogo da esperança e o mal foge correndo

Todo bem que sai de nós é uma estrela a luzir
Que povoa o nosso céu em nosso barco a navegar
E nos mostra o caminho quando o mal nos faz cair
E quando cai a tempestade em meio ao alto-mar

Quem ama de verdade não tem medo do amanhã
Não teme sua sorte, nem a morte com seu véu
Tem certeza que, no além, a vida resplandece em nova manhã
E faz do próprio coração o seu próprio céu

# *Quando a Dor Bater à Tua Porta*

Quando a dor bater à tua porta
Não te entregues ao lamento ou à revolta
Acende a luz da fé em teu caminho
Não te esqueças de que nunca estás sozinho
Lembra que o amor do Pai nunca se esgota
E que Ele nunca abandona o seu filho

Quando a dor bater à tua porta
Pensa que a vida será sempre uma escola
Em que o tempo nos ensina a viver
E a descobrir a paz que vive em nosso ser
Cada aflição é apenas uma prova
E cada lição, oportunidade de crescer

Quando a dor bater à tua porta
É hora de deixar o que não importa
Relembrar os valores verdadeiros
Reconhecer nossos erros costumeiros
Meditar sobre o que ainda nos falta
Pois nossos males nascem de nós mesmos

Quando a dor bater à tua porta
Observa os que estão à tua volta
Não penses ser maior teu aguilhão
Pois no mundo cada um tem sua cota
De amarguras, sacrifício e expiação
Nessa escalada que nos leva à ascensão

Mas se a tormenta não te visita por agora
Dispõe-te a amar a quem anda contigo
Procura aproveitar a bênção desta hora
E oferece a alguém o teu ombro amigo
Para que teu coração encontre abrigo
Quando a dor bater à tua porta


# *Renúncia*

Há quem renuncie à paz para ter mais bens.
E há quem renuncie aos bens para ter mais paz.

Há quem renuncie ao amor por amor à posse.
E há quem renuncie à posse por amor.

Há quem renuncie à sua essência para viver uma mentira.
E há quem renuncie às aparências para viver de verdade.

Há quem renuncie a tudo para viver uma paixão.
E há quem renuncie às paixões para viver com liberdade.

Há quem renuncie ao prazer em nome de uma felicidade.
E há quem renuncie à consciência por desacreditar dela.

Há quem renuncie à própria vida para viver a vida do outro.
E há quem renuncie à própria vida por amor à humanidade.

Há quem renuncie ao mundo para tentar estar com Deus.
E há quem renuncie a si mesmo para encontrá-Lo no próximo.

## *Céu e Inferno*

Se respondendo a Simão
O mestre ensina o perdão
Não sete vezes somente
Mas setenta vezes sete, sempre
Quanto mais o Pai que está nos céus!
Que ama a todos os filhos Seus
Indistintamente, infinitamente
Então como imaginar o inferno ardente?

Se os homens, ainda imperfeitos como são
Não dão pedra ao filho que lhe pede pão
Sabem dar uma nova oportunidade
Até ao que enveredou pela criminalidade
Será possível que Deus em toda Sua majestade
Seja menor que Suas próprias criaturas
Não dando a elas outras chances futuras
Pra se arrepender e conhecer a verdade?

Se existisse mesmo um castigo eterno
Que verdadeiro suplício não seria
Viver no paraíso todo dia
Vendo um ser querido queimar no inferno
Será que essa alma bondosa não tentaria
Descer dos cimos para aplacar a dor
Do filho, irmão, seja lá quem for
Daquele objeto maior do seu amor?

E, também, por outro lado
Poderia ser plenamente feliz no céu
Aquele que, levantando o véu
De todos os erros do seu passado
Perceber não ter totalmente expurgado
De sua alma os pequenos males e enganos
Sentir-se-ia merecedor da companhia dos anjos?
Não pediria para voltar e viver mais alguns anos?

E se a maldade no mundo campeia
Basta ver o noticiário de cada dia
A fila do inferno deve estar cheia
Enquanto a do céu, bem mais vazia
Será que é essa a lógica da Criação?
Separar no além irmão de irmão?
Deixar uns poucos na perene alegria?
E condenar para sempre a maioria?

Se há um Deus justo em nossa crença
E tivermos uma só vida na matéria
Por que uns nascem na miséria
Enquanto outros, na opulência?
Por que uns vivem na favela
E outros, em dourada existência?
Uma criança nasce perfeita e bela
Outra, com defeitos de nascença?

Se houvesse uma só existência
Qual seria então o destino
De quem morre ainda menino
E dos que viveram na demência?
Como entender qual o sentido
Daqueles em estado vegetativo
Que viveram uma vida sem viver
Sem poderem um caminho escolher?

Se são tantas perguntas, em suma
O certo é que, no além, a vida continua
Disso não nos resta dúvida nenhuma
E cada um leva consigo o bem ou mal que semeou
O céu ou o inferno que para si mesmo criou
Mas para compreender num só golpe de vista
Toda a misericórdia de Deus e Sua justiça
Conciliando pecado e expiação
Arrependimento e reparação
Felicidade como uma conquista
No aprendizado, trabalho e evolução
A chave é uma só: reencarnação

# *Grandezas*

Mais belo do que a sinfonia dos astros na imensidão do Universo?... Somente o canto dos pássaros.

Maior do que os rios, mares e oceanos?... Uma lágrima de esperança.

Mais profundo do que a vastidão do espaço infinito?...Somente o coração humano.

Mais grandioso do que todas as obras da ciência e da tecnologia?... Um instante de felicidade.

Mais imponente do que todas as grandezas humanas juntas?... A humildade de um homem.

Mais poderosa do que a soma de todos os males da vida?... A fé.

Mais majestosa do que todas as trevas do mundo?... Uma vela acesa.

Mais forte do que a morte?... A vida.

Maior do que todas as obras da Criação reunidas?... Somente o amor.

Maior do que o amor?... Só Deus.

Maior do que Deus?... Só Seu amor por nós.

## *Amor Pleno*

Quem busca no outro
Sua outra metade
Não vive por inteiro
Nem ama de verdade

Não preenche o vazio
E o vazio lhe invade
Não ama a si mesmo
E ama pela metade

Se não sabes viver só
Só encontras solidão
No peito, sempre um nó
Mesmo em meio à multidão

Diante da tua soledade
Vê em teu próprio interior
Que, de algo maior, és parte
De onde parte o pleno amor

E de coração renovado
Vês o amor de outro jeito
Em vez do outro idealizado
Amas o outro imperfeito

Nesse ponto então renasces
Nasce em ti amor verdadeiro
Amas o outro como ele é mesmo
E não conforme a tua vontade

Amando a todos por inteiro
Encontras amor de verdade
E no esquecimento de ti mesmo
Descobres a felicidade

## Moradas do Infinito

Nessa grande abóboda azul-celeste
Que presente, Senhor, que, deste amor, nos deste!
Trilhões de estrelas vagando no espaço
E o homem, inquieto, pergunta cá embaixo
Pela voz da Ciência ou Filosofia, em prosa ou verso
Estaremos sozinhos na imensidão desse Universo?

Nesse oceano cósmico, que é a Terra, afinal?
Senão pequena morada onde ainda impera o mal
Acolhedora escola para alunos aplicados ou rebeldes
Apenas de passagem por grosseiras vestes
Descortinando a verdade, a grandeza e a luz
Que encerram a vida e as palavras de Jesus

Um simples olhar para fora nos leva
A compreender não ser única a nossa esfera
Que possa abrigar a beleza da vida e da inteligência
Poderia Deus em toda sua magnificência
Criar galáxias, planetas, sóis e quasares
Para fazer destes estéreis e vazios lugares?

Um simples olhar para dentro nos faz
Entender que para a felicidade e a paz
É necessário passar ainda por muitos degraus
Por isso, há mundos voltados à redenção dos maus
Enquanto há outros, como os Elíseos da alegoria,
Para os que já conquistaram o amor e a sabedoria

Alhures há, ainda, mundos primitivos
Destinados a espíritos recém-nascidos
Simples e ignorantes do bem e do mal
Que, um dia, habitarão um mundo celestial
Após muitos milênios e eras de evolução
Pois o bem supremo é o objetivo da Criação

Se telescópios e sondas não conseguem enxergar
A vida que se espreme em todo lugar
É porque a matéria se exprime em muitas direções
É porque ela existe em múltiplas dimensões
E o que hoje nos parece inabitado e deserto
É um mundo de seres e coisas a ser descoberto

Muito mais do que ampliar nossas lentes
Precisamos abrir mais nossos corações e mentes
Para entender que nada existe por obra do acaso
E o que vemos desde o final do ocaso
Até o esplendor de cada alvorecer
Tudo, enfim, tem uma razão de ser

## Superação

Na aspereza do caminho, aparamos nossas arestas.
Com as pedras que nos atirem, podemos construir as edificações mais belas.
Nas maiores dificuldades, encontramos as grandes oportunidades.
Nas lutas mais acerbas, exercitamos nossa capacidade de vencer.
Nos momentos de crise, extraímos de nós recursos até então desconhecidos.
Em meio às trevas mais densas, descobrimos nossa luz adormecida.
Diante do pior, revelamos nossa capacidade de ser melhor.
Nas dores mais profundas, deparamo-nos com as maiores consolações.
Quando mais nos perdemos é quando mais procuramos o sentido de tudo.
E quando tudo parece perder o sentido é que vamos ao encontro da verdade.


## Síntese

Perturbados, perturbamos.
Iluminados, iluminamos.

Quem só reclama... é só.
Quem tudo divide... tudo multiplica.

Quem não serve... não serve.
Quem ama encontra amor.

Revidar, reviver a dor.
Perdoar, reviver e dar.

Quem tem fé não se perde.
Quem vive a fé se salva.

Saber muito é muito pouco.
Aprender é infinito.

Endeusados, desumanos.
Ser humano, ser divino.

## *Rastros*

Olhei pra trás e não vi nada
Apenas pegadas... pegadas sem fim
Deixadas nas areias do tempo
Levadas pela força do vento
Apenas pegadas... pegadas enfim

Olhei pra trás e não vi nada
Somente pegadas... rastros de mim
Não vi se eu era rico ou se era pobre
Se fui plebeu ou se fui nobre
Mas apenas se eu era feliz

Olhei pra trás e vi pegadas
Marcas do que fui e do que fiz
Não vi se era prefeito ou empresário
Nem o que vesti, nem saldo bancário
Mas apenas o que eu aprendi

Olhei pra trás e só vi marcas
De tudo o que me levou até aqui
Não vi se eu fiz muito ou fiz sucesso
Se eu era culto ou se era belo
Mas só o bem que fiz enquanto vivi

De tudo o que vi de minhas marcas
Só restou o que me fez hoje ser assim
Não vi meu nome, nem meus títulos
Nem meus diplomas, nem currículos
Eu só vi mesmo... é se eu vivi


## *A Diferença*

Vida sem Deus um dia perde o sentido.
Vida com Deus é renascer a cada dia.

Amor sem Deus converte-se em ódio ou indiferença.
Amor com Deus conduz-nos à plena felicidade.

Prazer sem Deus transmuta-se em dor.
Prazer com Deus é alegria de viver.

Dor sem Deus se dilata.
Dor com Deus nos transforma.

Ciência sem Deus constrói a bomba homicida.
Ciência com Deus produz a medicina que cura.

Religião sem Deus é só culto exterior, fanatismo e hipocrisia.
Religião com Deus é fé viva e vida no bem.

Educação sem Deus é verniz.
Educação com Deus é Deus no coração.

## *Universo*

Nem tudo é como eu vejo
E o que eu vejo não é tudo
Mas um nada comparado a tudo o que existe
Ora, o nada não existe!
Pois, se existisse, faria parte
E deixaria de ser o nada
Para ser alguma coisa

Nada é coisa alguma
Tudo o que existe é alguma coisa
Até mesmo aquilo que eu creio não existir
Pois o que eu não creio ou que duvido existir
Faz parte de minhas crenças e, então,
Existe em alguma parte de mim
Se eu sou uma parte de tudo o que existe
O que é parte de mim existe em alguma parte do Universo

Tudo o que sinto e que percebo não é tudo
Mas apenas uma fração, uma parte
Uma parte do Universo, mas, também, um Universo à parte
Sem entender essa pequena parte que está dentro de mim
Não vou a parte alguma da parte que está fora de mim

Pois a parte que está dentro de mim é a parte que me cabe
E se a parte que não me cabe não cabe dentro de mim
Melhor eu entender primeiro tudo o que existe em mim
Para entender melhor tudo o que existe
Pois, se eu sou uma parte de tudo o que existe
Tudo que existe em mim também faz parte
E tudo que existe em tudo se encontra, em parte, dentro de mim

Minha mente é minha lente
A janela pela qual vejo o Universo e o mundo ao meu redor
Tudo o que vejo, vejo segundo o que há em mim
Com a luz que me é própria ou com a escuridão que me cega
Meu coração me leva a qualquer parte
É o fio condutor que me liga ao infinito
Unindo-me à luz ou à escuridão que está em tudo
Conforme a luz ou a escuridão que está em mim

Meu corpo pode viajar pelos mundos, alcançar as estrelas
Mas não vou a lugar algum se meu coração
Estiver perdido ou enclausurado
Poderei estar preso dentro de mim mesmo ou
Perdido em meu Universo à parte

Estando perdido em mim
Nada me fará sentido e tudo me parecerá perdido
Melhor eu me encontrar primeiro
Para procurar sentido em tudo o que eu vejo

Meu pensamento é o que parte de mim
Mesmo não sendo eu mesmo
É parte de mim mesmo assim
Pois leva um pouco de mim ao espaço infinito
Um pouco de minhas qualidades, um pouco do que eu sou

Meu pensamento é minha criação
Mesmo aquele que não se concretizou
Que dizer então do Universo, que tem sentido e se concretizou?
Que é belo, que é infinito, que é perfeito
Se eu ainda não encontrei sentido no Universo, em sua perfeição
É porque ando perdido na minha imperfeição

O Universo é criação
É o pensamento d'Aquele que o criou
Mesmo não sendo Ele mesmo a Sua própria criação
Sua criação é parte d'Ele mesmo assim
Porque tudo traz em si o pensamento do Criador
E se, em tudo, vejo o Criador
Vejo o Criador, também, dentro de mim

Tudo o que o homem criou, criou primeiro em seu pensamento
Desde a mais simples caneta ao mais alto edifício
Nasceram primeiro no pensamento de quem os criou
A grandeza das coisas não está no seu tamanho
Mas no pensamento, que revela o criador

O que é mais belo e fascinante no Universo
Não é o seu tamanho, mas sua grandeza
Grandeza que se encontra desde a simples partícula
À galáxia mais distante
Pois, nas pequenas e nas grandes coisas,
Encontro a existência de leis
Leis complexas, leis perfeitas
Leis que ainda desconheço
Leis que tudo regulam, que tudo explicam
Leis que só não explicam a existência das próprias leis

Leis que promovem o equilíbrio e a continuidade das coisas
E são essas leis que denotam a existência de um pensamento único
Pois se não partissem de um pensamento único
Logo, tudo estaria em conflito
E tudo tenderia ao fim, e não ao infinito

Mas, e se por acaso
Tudo então fosse obra do acaso?
Ora, mas que absurdo!
O acaso está submetido a leis
Leis da probabilidade, leis da matemática
As leis revelam a existência de um pensamento
Portanto é o acaso antes efeito do que causa
Mesmo que ele seja a causa de muitas coisas
Não poderá jamais ser a causa primeira de todas as coisas
E se, em tudo, encontro coisas
Que fogem completamente às leis do acaso
É porque, em tudo, encontro inteligência e coerência
Pois, em tudo, e até mesmo na existência do acaso
Descubro que o acaso não existe

## Quem Sou Eu

Quem sou eu?
Essa imagem no espelho?
A cor da pele, o cabelo?
Silhueta perfeita?
Gordurinhas à espreita?
O que não quero ver?

Quem sou eu?
O carro na garagem?
Roupas caras, viagens?
Apenas belas miragens
Do que quero parecer?
Por que preciso ter?

Quem sou eu?
O troféu na estante?
A glória de um instante?
O diploma na parede?
Meu *profile* na rede?
O que não consigo ser?

Quem sou eu?
A palavra polida?
Vocabulário distinto?
Escondendo a desdita
Camuflando o instinto
O que tento esconder?

Não, não sou nada disso
Sou apenas rabisco
Um esboço imperfeito
De um constante vir a ser
Sou o que trago no peito
Sou Universo escondido
De sonhar e querer
Sou o verso infinito
Sou o rimar do meu jeito

O que fui já não sou mais
Mesmo o de minutos atrás
E o que quero ser ainda não sou
Sou o que há por trás
Do transitório, imperfeito, da aparência
Sou o que vive, sobrevive, sou essência
Apenas sou

Quando quero ser alguém
Esqueço que alguém já sou
Único, singular, diferente
Mas, em essência, igual a toda gente

Quando quero ser alguém
Em vão me procuro em toda gente
E me perco em qualquer parte
E me afasto de mim mesmo

Quando busco ser eu mesmo
Então me vejo em toda gente
E me encontro em qualquer parte
E consigo ir além

## *Destino*

Pergunta o homem desde o princípio
Somos autores de nossa própria história?
Existe destino? E onde fica o livre-arbítrio?
Nosso futuro está escrito
Em algum lugar do céu estrelado?
E se meu caminho já foi traçado
Para que o esforço, se cada um está fadado
Ao fracasso ou à vitória?
Responde o sábio pelas páginas do infinito:
"A semeadura é livre, mas a colheita, obrigatória"

Se vamos colher espinho, se vamos colher morango
Depende da semente que a gente escolhe
Se vamos colher sorrindo, se vamos colher chorando
Depende do jeito que a gente colhe

Pois se é certo que quem planta espinho não colhe flor
E quem semeia ódio não ceifa amor
Se serve de consolo
Do barro jogado se faz tijolo
Do veneno destilado se faz o soro
A gente faz medicamento da erva amarga
E do limão azedo, a limonada
Dos espinhos plantados, a cerca viva
E se extrai beleza da lágrima vertida

Mas quem só reclama, blasfema, se revolta
Contra as sarças do caminho que ele mesmo lá plantou
Atira pedras, cacos de vidro e lixo à sua volta
Torna mais difícil a jornada adicionando ainda mais dor

Lei de causa e efeito, ação e reação
Não é lei de pecado e punição
De um Deus humano pelo homem imaginado
Que só pensa que o mal deva ser castigado
Essa Lei é oportunidade de aprendizado e evolução
De um Deus-Pai de justiça e amor ilimitados

Ele nos dá tempo ao tempo
Para absorvermos cada experiência
Para despertarmos para o arrependimento
Com o desenvolvimento da nossa consciência
Ela é nosso juiz e advogado
Mostrando-nos quando algo vai errado
Chamando-nos ao desejo de reparação
Quando fazemos o mal ao nosso irmão

E, então, de coração renovado
Pedimos a Deus uma nova encarnação
Para passar por tal vivência ou tal provação
E, assim, o espírito culpado
Escolhe o roteiro a ser seguido
Visando a retornar com o espírito redimido
À verdadeira vida, à vida espiritual
À vida da alma imortal

Se existe um destino, uma fatalidade
Essa, sim, é a da imortalidade
E a de alcançarmos, todos, a suprema felicidade
Após muitos milênios de depuração
Passando várias vezes pela porta da reencarnação

Se existe um destino, uma fatalidade
É a de que vamos adquirir total sabedoria
Descobrindo em nós a plena verdade
É a de que cada um viverá a eterna alegria
Amando a todos sem distinção
Que amará a quem odeia ou já odiou
Que cada um verá a Deus, em seu coração
Pois foi para isso que Ele nos criou
Para amarmos como Jesus nos amou

## *Depressão e Modernidade*

A depressão é uma epidemia da era moderna. E não é por acaso, pois ela está intimamente ligada ao estilo de vida do nosso tempo e ao nosso modo de ver as coisas.

Desde cedo acumulamos muitas atividades, aprendemos a ser escravos do relógio e da agenda, e estamos desaprendendo a curtir o tempo livre, a sentir os prazeres simples da vida e a viver o inesperado.

A correria da vida moderna exige-nos velocidade, pressa, excesso de afazeres e responsabilidades, e não conseguimos desacelerar para dormir e descansar; vivemos em constante ansiedade.

Vivemos sob modelos de perfeição, seja física ou moral. Isso não nos ensina a lidar com a imperfeição, seja nossa, do nosso corpo, dos outros ou da vida. Temos dificuldade em nos aceitarmos como somos, em aceitar as coisas como são, em aceitar a vida como ela é.

Sempre nos disseram que temos que vencer na vida; não temos aprendido a perder, como parte do processo natural da nossa caminhada, nem a aprender com os nossos próprios fracassos, nem, simplesmente, a viver.

Num mundo altamente competitivo, nunca somos bons o suficiente, o que nos leva a nos consideramos perdedores ou inadequados. Não entendemos que as pessoas são diferentes, têm aptidões e aspirações diferentes, e quando não conseguimos nos adequar ao que o padrão social espera de nós porque somos naturalmente diferentes, únicos, sentimo-nos inferiorizados ou incapazes, em vez de sermos valorizados pelo que temos de diferente, singular. Enfim, não temos aprendido a nos amar.

Para os considerados vencedores na vida, os invejados do mundo, o preço a pagar é, por vezes, muito alto. Carregam nos ombros o fardo de tantas responsabilidades e enfrentam de tal modo as intrigas humanas que nem sempre conseguem suportar a pressão.

A civilização multiplicou comodidades, facilidades, soluções prontas e rápidas para tudo – medicamentos e cirurgias para todo tipo de sofrimento, livros de autoajuda para todos os tipos de problema nas prateleiras, algumas religiões prometem soluções fáceis para atender às nossas necessidades imediatistas –; tudo isso não nos ensina a lidar com a frustração nem a exercitar a nossa própria sabedoria na solução de problemas, pois algo superior, exterior, ou alguém habilitado irá resolvê-los por nós.

Nosso mundo está poluído de imagens, que distorcem a nossa realidade, o que nos leva a valorizar e a acreditar mais na imagem da realidade do que na própria realidade; isso nos leva a viver uma vida de faz de conta, para aparentar sermos tão felizes e bem-sucedidos quanto aqueles das imagens que admiramos. Essa situação distancia-nos da nossa verdade interior, única que pode nos levar ao nosso desenvolvimento, para que possamos nos tornar pessoas plenas e felizes.

Olhamos tanto no espelho e fazemos tantas *selfies* que estamos nos esquecendo de olhar para dentro de nós e sermos sinceros com nós mesmos. Parece que não pega bem termos tristeza, angústia, ansiedade; não aprendemos a olhar para a nossa dor e buscarmos acolhê-la, compreendê-la, para que, com autoconhecimento, transformemo-nos com a ajuda da dor, ouvindo o que ela tem a nos dizer. Aqueles que nos cercam também não estão interessados em nos ver tristes, porque eles também não querem olhar para as próprias aflições que carregam. Então fugimos e disfarçamos, buscando uma alegria aparente e efêmera, muitas vezes com a ajuda do álcool ou outras drogas.

Se não aprendemos a lidar com nossas frustrações e com nossa dor, também não aceitamos que nossos filhos sofram ou tenham frustrações. Na tentativa de impedir que eles sofram, evitamos dizer não, impor limites, damos-lhes conforto, facilidades, compensações; queremos dar-lhes as alegrias que não tivemos e impedir que sofram o que sofremos, mas isso não os ensina nem os prepara para viverem a própria vida.

A sociedade de consumo promete a satisfação de nossas necessidades, que são confundidas com a real satisfação interior. Carros, viagens, casas dos sonhos, roupas de marca, festas, ótimos restaurantes, bebidas alcoólicas e até drogas prometem satisfação, mas que é efêmera, irreal, gerando novas necessidades de consumo ao infinito, deixando para trás a ilusão e o vazio interior, pois a verdadeira satisfação interior nunca se obtém por meio de coisas.

Há uma supervalorização do novo e desvalorização do velho, tido como obsoleto, ultrapassado, descartável. A velhice é vista como algo ruim, que deve ser evitada, escamoteada ou postergada a todo custo, e não como um evento natural; isso gera ansiedade e tristeza diante das transformações do corpo e da vida.

O paradigma materialista, que ainda vige em nosso tempo, prega que nada existe além de nossa matéria visível: nem alma, nem vida após a morte, nem Deus. Nossas vidas seriam um jogo de coincidências e as grandes aflições, um resultado de acasos infelizes. Sem uma esperança no porvir, não encontramos nenhuma consolação na dor, nenhuma razão em sofrer, nenhum sentido em viver, já que a vida, cedo ou tarde, findará. Essa visão de mundo se instala de forma imperceptível e conduz ao suicídio.

A Ciência nos trouxe grandes avanços em nossa forma de enxergar o mundo e o Universo; novas tecnologias vieram minimizar os sofrimentos humanos, aplacar as dores físicas, aliviar sofrimentos psíquicos, diminuir as distâncias, facilitar as comunicações, aumentar a expectativa de vida, mas ainda está longe de responder aos nossos questionamentos mais fundamentais: qual o sentido da vida? Por que e para que sofremos? Por que estamos aqui? A vida terá fim? O que há após a morte? Reencontraremos nossos entes queridos que se foram? Somos meras obras de acontecimentos aleatórios ou estamos sujeitos a desígnios superiores que guiam nossas vidas?

Por outro lado, para fazer face ao paradigma materialista e à dispersão de referenciais morais, num mundo cada vez mais plural e heterogêneo, algumas instituições religiosas tentam, a todo custo, levar adeptos por meio de promessas que não conseguem cumprir, arrebanhar fiéis para suas crenças baseadas em dogmas, verdades impostas, que naufragam diante da evidência e da razão, deixando para trás a frustração e a revolta, em virtude de desejos imediatistas não atendidos.

A depressão é uma doença, uma desordem mental-emocional e do sistema nervoso, que afeta e é afetada pelas funções e disfunções neuroquímicas do cérebro e, como tal, necessita de tratamento, com psicoterapia e medicação, além do apoio de amigos e familiares, bem como do suporte de algum tipo de fé e espiritualidade.

Mas além de ser uma doença de um indivíduo, é uma doença de uma sociedade inteira, que gera pessoas deprimidas; que esvazia do ser humano a sua humanidade; uma sociedade que, maravilhada com os avanços da ciência, mas também atordoada com a capacidade humana de gerar infelicidade, crueldade, abandono e esquecimento, não consegue dar respostas aos verdadeiros sofrimentos humanos, que persistem sob os mais variados nomes, classificados nos livros técnicos de patologias mentais.

# Natal com Jesus

Mestre Jesus, mais uma vez é Natal
Que melhor presente podemos dar em teu aniversário
Senão o de nos reconciliarmos com nosso adversário
E o de oferecer o bem àquele que nos fez mal?

Qual será a melhor forma de comemorar
De relembrar a beleza de tua passagem entre nós
Senão a de, por instantes, podermos compartilhar
O nosso tempo com aqueles que vivem sós?

Quão maravilhosa será a nossa ceia
Se, junto com cada embrulho que se abra,
Se, além do vinho, do peru e da mesa cheia,
Pudermos nos embriagar com tua palavra!

Senhor, nosso modelo e guia
Onde poderemos encontrar maior alegria
Senão no interior de nosso próprio coração
Quando soubermos praticar, de fato, o perdão?

Como será grande a nossa festa
Se deixarmos escapar por alguma fresta
Nossos sentimentos mais nobres, adormecidos
Aprendendo a amar até mesmo nossos inimigos!

Sei que não nos faltará a tua presença
Quando abrirmos as portas de nosso lar
À compreensão, à bondade e à benevolência
E quando fizermos do amor o nosso próprio altar

Mas essa data será ainda mais bela
Quando cada ser humano aqui na Terra
Lembrar-se do Evangelho com mais frequência
E viver o Natal em cada dia de sua existência

# Quantidade Versus Qualidade

Quantidade é fazer número; qualidade é fazer a diferença.

Quantidade é viver muito; qualidade é ter muita vivência.

Quantidade é fazer mil coisas ao mesmo tempo; qualidade, a coisa certa no tempo certo.

Quantidade é enumerar suas virtudes e todo bem que se faz; qualidade é fazer bem o pouco que faz e ainda ficar quieto.

Quantidade é falar muito por não ter o que dizer; qualidade é dizer tudo mesmo sem nenhuma palavra.

Quantidade é ter tudo e ainda ter pouco; qualidade é ser feliz com quase nada.

Quantidade é viver correndo contra o tempo; qualidade é aproveitá-lo, usando-o a nosso favor.

Quantidade é ter muita gente ao seu redor e, ainda assim, sentir-se só; qualidade é ter amor.

Quantidade é ter muitas e grandes ambições; qualidade é ter um sonho.

Quantidade é conquistar o mundo; qualidade é o despertar do sono.

## *Distorções*

O sangue é o esteio da vitalidade em nossa existência
Pois leva ele alimento e abundância por todo o seu caminho
Mas o homem, desviando-se de sua essência
Foi transformando-o, de desatino em desatino
Em símbolo de morte e violência

O sexo é permuta, troca de energia
É a força que nos guia ao milagre da multiplicação
Multiplicação de amor, bem-estar e alegria
É o aparelho reprodutor reproduzindo a obra da Criação
Mas o ser humano, na sua busca do prazer desenfreado,
Fez desse fogo sagrado a sua banalização
Desceu ao nível mais abjeto
Rebaixou-se à condição de objeto
E viu no sexo uma fonte de pecado

O dinheiro bem usado é como roda em movimento
Convertendo a força do trabalho em riqueza e alimento
Transformando o tempo empregado em progresso e sustento
Mas o homem, descuidado, inverte a lógica do bom senso
Mantém o dinheiro estagnado e vive em busca de passatempo
Faz de si o seu escravo em vez de torná-lo fonte de alento
Por tudo isso, perante o dinheiro, vive o homem em contradição
Deposita nele toda a felicidade ou vê nele a causa de sua perdição

O poder deveria ser visto como a ponte do destino
Levando ao excluído a oportunidade, ao ignorante o ensino
Aos desvalidos da sociedade saúde, emprego e abrigo
Devolvendo a dignidade a quem se desviou do bom caminho
Mas o homem usa esse dom a serviço do seu egoísmo
E como forma de enaltecer o seu orgulho desmedido
Assim, sem proveito, o poder vai passando de mão em mão

E o homem continua confundindo-o
Com sinônimo de tirania, despotismo e corrupção

O homem vê as coisas conforme a sua vivência
E numa forma de fuga a que se entrega
Inconscientemente, num mecanismo de transferência
Em vez de enxergar em si todo mal moral, toda causa de queda
Numa mentira que anestesia a consciência
Prefere ver a sujeira no prazer, na beleza, na moeda

Cultiva a cegueira para com sua própria excrescência
E, se encontra o mal em si, dele foge ou então nega
Enxerga a vida pelas lentes de sua indigência
Percebe o mundo pela mente e vê no mundo o que projeta
Distorce a pureza, a virtude e a inocência
Não vê que o bem e o mal não estão nas coisas, mas no que fazemos delas

## *Saúde*

Saúde é viver muito
E muito bem
É desfrutar cada minuto
E ainda ser jovem após os cem

Mas saúde é também
Trazer luz no coração
Levar a alma leve
Mesmo que o corpo ainda carregue
As marcas das batalhas já vividas
Das dores mal resolvidas
Transformadas em somatização

Pois se o corpo está pesado
Trazendo as marcas do passado
Lembre que ele está destinado
A voltar ao seio da natureza
E libertar do cárcere privado
A ave que ali habita
Que retornará de sua desdita
Pra reencontrar sua real beleza

Saúde é vida
É alegria e amor em nossa lida
E se a morte não existe
Em que a vida consiste?

Vida é não morrer no vício
É não guardar nenhum resquício
De cólera, ódio, vingança ou violência
É não se entregar ao orgulho que cega
Nem ao egoísmo que empana a existência
Nem mesmo ao ócio, que é paralisia secreta
Ou ao perigo da tristeza ou descrença
Tampouco ao corrosivo do rancor ou da inveja
Que, um dia, transformam-se em doença

Doença é apenas artifício
Que a saúde tão bem engendra
Para que a mente corrija sua senda
E se liberte do estado enfermiço

Doença pode ser ainda
Somente uma prova escolhida
Oportunidade de educação
Mais um degrau dessa subida
Na escalada da evolução

Mas doença pode ser também
Só a porta de saída
Apenas um pretexto da vida
Pra nos mandar de volta pro além

Pois quando o nosso tempo se esgota
E chega a hora da nossa volta
Não há remédio que nos segure
Nem há saúde que perdure

A não ser a saúde da alma
Aquela que se parece com calma
A paz da consciência tranquila
Aquela que nenhuma doença aniquila
A que sobrevive a toda tormenta
Mesmo após o abandono da vestimenta
Do nosso velho manto de carne
Pois se da morte ninguém se isenta,
Cada um pode fazer da vida uma arte

## *Fim dos Tempos*[1]

Século vinte e um, gloriosa transição
Prevista pelos Maias muitos séculos atrás
De um mundo de prova, dor e expiação
Para a era de regeneração, esperança e paz

---

[1] Nota do autor: o texto original intitulava-se 2012, uma forma poética de falar sobre o fenômeno 2012, época em que, por conta do calendário e profecias dos Maias, acreditava-se no fim do mundo em 23/12/2012. O poema vem mostrar que não se tratava do fim do mundo, mas de uma transição para uma nova era. Assim, passado o ano de 2012, o poema foi renomeado para "Fim dos Tempos".

Não há o que temer nesses tempos de turbulência
Nem a onda que varre, nem o chão que treme
Nem a força da maldade, da corrupção ou da violência
Pois se a casa está mudando, é Jesus quem está no leme

A nossa Terra é só mais um mundo-escola
Dentre outros tantos que existem por aí
E os que persistem ainda no mal, na sombra e na revolta
Não mais poderão renascer aqui

Serão levados a outras estâncias
Como Adão e Eva, expulsos do paraíso
Exilados em mundos primitivos
Para despertarem do egoísmo, insanidade e arrogância

Na casa do Pai há muitas moradas
Todas elas habitadas por espíritos em evolução
O Universo, com seus planetas, estrelas e galáxias
Não é apenas um céu bonito para enfeitar nossa visão

Deus é Pai de justiça e de misericórdia
E o Mestre disse que nenhuma ovelha do rebanho se perderia
Pra quem espera a salvação ou a perdição em algum dia
Saiba que Ele jamais fecha Sua porta

Se há perdição, isso ocorre só temporariamente
Pois, um dia, o pecador se arrepende
Revive quantas vezes e em quantos mundos for preciso
Até que conquiste em si o amor para poder habitar o paraíso

Por que esperar o fim do mundo
Se a casa do Pai é o Universo infinito?
Trabalhemos hoje pela paz com afinco
Quem serve ao Cristo não perde um só segundo

Se haverá um fim, será o de um grande ciclo
O fim dos tempos de guerra, fome e desigualdade
O fim da era de crimes e doenças de todo tipo
E o início de um tempo de fé e fraternidade

Os anjos não descerão dos céus de forma espetacular
Mas espíritos de luz virão de seus mundos resplandecentes
Vestir a túnica de carne temporariamente
Para então novamente o bem nos exemplificar

Muitos deles já estão ou estiveram entre nós
Como irmãos mais velhos, relembrar-nos as mesmas lições
Renovar as artes, as ciências e as religiões
E implantar nos corações a certeza de que nunca estamos sós

O Reino dos Céus não virá com aparência exterior
É conquista íntima de cada criatura
E pra quem espera a nova era sem nenhuma luta
Lembre-se do calvário e da cruz do nosso querido Salvador

Que cada uma dê então a sua cota de serviço
Esforço, perseverança, exemplo e sacrifício
Pois o novo mundo é para aqueles que vivem o amor
E não para os que apenas dizem "Senhor, Senhor!"

Sejamos, assim, os trabalhadores da última hora
Com a certeza de que somente a verdadeira caridade
Garantirá o lugar aos justos na hora da verdade
Então não deixemos para amanhã o que devemos fazer agora

## *Comunicação*

O que você quis dizer
não foi exatamente o que você disse.

E o que você disse
não foi o que realmente o outro escutou.

E o que você não queria dizer de jeito nenhum
ficou subentendido nas entrelinhas.

O que a gente cala
o corpo fala.

E o que a gente fala
vai muito além das nossas palavras;
transparece nos gestos e jeitos, silêncios e timbres, posturas
e olhares.

Aquilo que a gente mais fala que é,
é o que a gente ainda tem dificuldade de ser.

As coisas que mais falamos dos outros
são as que mais revelam quem nós somos de fato.

Nossas palavras falam menos do que nossas ações.
E nossas ações formam o livro da nossa existência.
Mas cada um só lê do livro da vida do outro segundo o que traz
em si mesmo.
E cada um só escuta até o limite do que quer ou está preparado
para ouvir.

# *Pensa*

Quando a sombra do desencanto vier acompanhar teus sonhos, pensa naqueles que nunca tiveram condições de sonhar, por se encontrarem na vida em constantes pesadelos, na luta incessante contra a fome e a necessidade, que pedem a atenção permanente e que podem levar ao desespero e à loucura.

Quando te acreditares desamparado, pensa nas crianças que perambulam pelas ruas, sentindo o frio das noites medonhas e escuras, pedindo pelo aconchego de um braço materno ou pela orientação de um pai, que possam evitar a precipitação nos abismos do vício.

Quando te encontrares enfermo, pensa naqueles que jazem nos leitos dos hospitais, sem a presença de nenhum rosto familiar, tendo por companhia apenas o medo da morte, padecendo terríveis dores físicas e morais de moléstias incuráveis.

Quando perderes a esperança, pensa nos criminosos que se amontoam nas celas inóspitas dos presídios, torturados pelo remorso e pela revolta, algemados nas correntes do ódio e do sentimento de vingança.

Quanto te queixares pelo cansaço, pensa nos paralíticos, nos aleijados, nos deficientes de toda sorte, que, na imobilidade das forças físicas, dariam tudo para poderem trabalhar e servir.

Quando perderes alguma posição no mundo, pensa naqueles que já abandonaram a vestimenta carnal, a fim de assinalares o verdadeiro significado da riqueza, da fama, do poder ou do sucesso temporal.

Quando te encontrares satisfeito em todas as tuas necessidades, pensa naqueles que dormem nos prazeres efêmeros da vida material – esquecidos de que a vida é simples passagem, que requer de nós trabalho e engrandecimento – para depois despertarem na vida espiritual sob completa miséria moral.

Quando te sentires feliz, pensa nos desvalidos, nos estropiados, nos desequilibrados, nos tristes, a fim de que, compartilhando da tua felicidade, possas multiplicá-la.

Quando te considerares sem motivos para viver, pensa naqueles que estão à beira do precipício do suicídio, ou naqueles que já tiraram a própria vida, socorrendo-os com a tua solidariedade, e, assim, certamente encontrarás uma forte razão para viver.

E quando nada disso vier a sensibilizar ou transformar a tua posição mental, pensa naquele que se deixou imolar na cruz, humilhado e abandonado, a fim de aliviar os nossos pesados sofrimentos; aquele que pronunciou o "vinde a mim" e ofereceu-nos o "jugo suave" e o "fardo leve". Embora não tenhamos, com frequência, pensado nele, ele continua, até hoje, pensando em nós.

## *Corrupção*

Por causa da corrupção
Nosso dinheiro vai para contas lá fora
A verba devida não chega à escola
Enquanto os jovens se perdem na droga
Os hospitais vivem à míngua
O paciente agoniza na fila
E o trabalhador não tem vida digna

Em meio à corrupção
Há total inversão de valores
O que vigora é a troca de favores
Os bons e honestos são vistos como bobos
Os bens de todos se tornam os bens de poucos
A riqueza é prêmio da esperteza e preguiça
Em vez do talento, esforço e conquista

Mas como nasce a corrupção?
Cada um de nós traz em si seu resquício
Na troca do voto por um benefício
Na falta ao trabalho inventando desculpa
E levar troco a mais e nem sentir culpa
Reduzir o imposto mascarando a declaração
Advogar a mentira para não pagar pensão

Não é só na política que há corrupção
A gente a vê no cidadão da esquina
Que se livra da multa pagando propina
A gente a encontra no aluno da escola
Que passa de ano por meio da cola
Naquele que mostra a carteira falsificada
Para entrar no cinema e pagar meia-entrada

Ninguém suporta mais essa tal corrupção
Então comecemos agora uma nova campanha
Para combater na raiz essa praga tamanha
Antes de bradar nas ruas, olhemo-nos primeiro
Antes de condenar, miremo-nos no espelho
Para ver se, em nós, também reside esse mal
E não só para sair bem, de cara pintada, na rede social

# *O Segredo*

O segredo da felicidade não é segredo; só é preciso silenciar e escutar, pois a natureza fala baixinho.

Para aprender é preciso escutar.

Para crescer é preciso reconhecer-se pequeno.

Para receber a água pura e cristalina é preciso esvaziar a taça, a fim de que o líquido precioso não se misture às impurezas do recipiente.

Para alcançar sabedoria é preciso esvaziar a taça dos nossos velhos conceitos e preconceitos, que nos têm levado sempre aos mesmos caminhos e lugares que já conhecemos.

Para que algo melhor chegue à nossa vida é preciso nos desapegar das coisas velhas e inúteis; do contrário, o velho não dará espaço ao novo que quer entrar.

Só conseguiremos sentir, vivenciar o amor e sermos amados plenamente se nos libertarmos dos ressentimentos, do egoísmo, da incompreensão, do orgulho e da indiferença que poluem os nossos corações.

Só nos será possível enxergar a beleza da vida, a perfeição da natureza e da Criação quando nos libertarmos de nossas imperfeições, que são como sombras cobrindo nossa visão.

O barulho de nossas emoções do dia a dia impede-nos de auscultar as irradiações sublimes d'Aquele que nos criou para sermos felizes.

O tumulto incessante de nossas lamentações e de nossos pedidos inquietantes aos Céus impede-nos de ouvir as suas respostas às nossas súplicas e de perceber que o Alto está conosco o tempo todo; nós é que nem sempre estamos com Ele em nossos pensamentos e atos.

Por isso, silencia e ouve a voz que fala em mim, em ti, em tudo.

## *Bem-Estar*

Bem-estar é...
estar bem, onde você estiver
estar de bem com quem você é
estar bem onde o bem está

Bem-estar é corpo e alma
Encher o peito e esvaziar a mente
Encontrar em si sossego e calma
Sentir-se em paz com o que se sente

Mas se o "estar" é transitório
O bem é permanente
Se o "estar" é ilusório
O bem, real, pra sempre

O "estar" é o que vem pra nós
Passa e vai pra frente
O bem é o que sai de nós
Vive e fica com a gente

## *Milagres*

Por milagre, o que compreendeis?
O ato em que Deus derroga suas Leis?
Leis perfeitas, sábias, justas e eternas
Que vigem desde as mais remotas eras?
Sim – é claro! – Ele o poderia!
Mas a pergunta é: Por que Ele o faria?
Alguém, então, poderia nos dizer:
É para demonstrar todo o Seu poder

Fortalecer a fé daqueles que já creem
Abrir os olhos dos que ainda não veem
Mostrar a pequenez dos mais poderosos
Iluminar o mundo, confundir os orgulhosos
Lembrar ao homem que uma Mão o guia
Que lhe sustenta a saúde e o fio de sua vida

Mas Seu poder não se revela a cada momento
Nas grandes obras que se operam no tempo?
De uma pequena semente, faz-se o carvalho
Na beleza da flor, repousa a gota de orvalho
De poeiras no espaço, nascem sóis e planetas
E um organismo se forma da união de gametas

Deus opera milagres debaixo do nosso nariz
E, ainda assim, muitos não curvam sua cerviz
Atribuindo ao acaso a força que nos governa
A inteligência do homem tirou-o da caverna
Mas tem sido fonte de voluntária cegueira
E ninguém é forçado a ver o que não queira

Apesar da interseção do Alto e toda sua beleza
Os ditos milagres estão nas leis da natureza
Revelam que em tudo há a divina providência
Que, buscando Deus, encontramos Sua presença
Mostram-nos que, para a fé, nada é impossível
E que, por trás do mundo, há um mundo invisível

Com a fé o homem realiza maravilhas
Utilizando-se de leis até então desconhecidas
O avião que plana desafia a lei da gravidade
A medicina que cura é um verdadeiro milagre
A imagem que passa na TV parece até magia
E coisas de se espantar surgem da tecnologia

O mesmo ocorre com o dito sobrenatural
O que parece miraculoso é apenas natural
Quando se descobrem leis até então ignoradas
Que regem a matéria e sua relação com as almas
A fé continua sendo ainda o princípio motor
Mas o verdadeiro milagre é a força do amor

É ver o egoísta transformar seu coração
Após presenciar uma verdadeira boa ação
É ver na face de dor uma lágrima secar
Ao ouvir a voz amiga que vem lhe consolar
É nunca desistir de viver com bondade
Descobrir Deus, enfim, no amor-caridade

## *Providência*

Não diga "Deus foi bom pra mim"
Pois bom Deus sempre o é
Tudo em nossa vida tem um fim
Mesmo não sendo como a gente quer

Se alguém perdeu o avião que caiu
É porque precisava de um despertador
Se aquele outro no desastre partiu
É porque sua missão acabou

Ao que foi abençoado pela cura
Quão bela é a vida que Ele nos dá!
Para o que atravessa a noite escura
Oportunidade de sua coragem testar!

Não diga "Deus me abandonou"
A resposta nem sempre vem como mel
Às vezes, o problema, a aflição, a dor
Também é providência que vem do Céu

Em cada pedra, escolho, espinho
A vida nos revela uma nova lição
Desperta-nos força, descerra caminho
E a crise traz os ventos da renovação

Não diga "Deus está aqui ou lá"
Ele sempre está no meio de nós
Porque Deus está em todo lugar!
Mesmo quando nos sentimos sós

Nós é que nem sempre com Ele vivemos
Em nossas palavras, gestos e nossas ações
Nós O procuramos em nossos templos
E esquecemos de tê-Lo em nossos corações

Mas Ele nunca se esquece de Suas criaturas
Você pode senti-Lo em tudo que faz
Sua voz está em todos os povos e culturas
Você pode ouvi-Lo no amor, no bem, na paz

## *Libertando-se*

Quando você percebe o valor que tem, liberta-se da necessidade de ter seu valor reconhecido pelos outros.

Quando você descobre a verdadeira força que tem, não sente necessidade de demonstrá-la; apenas exerce-a.

Quando você se desapega da ilusão do controle, mas faz a parte que lhe cabe e percebe a parte que não lhe cabe, a vida flui.

Quando você se desprende do sentimento de posse em relação às pessoas, aprende a libertar; libertando, você aprende a amar; amando, você encontra o amor.

Quando você busca a aprovação de sua própria consciência, esvai-se a necessidade da aprovação dos outros.

Quando você se dispõe a enfrentar a si mesmo, desaparece o ímpeto de vencer o mundo; quando esse ímpeto desaparece, você encontra a calma, e quando você encontra a calma, você vence.

Quando você procura o autoconhecimento, emancipa-se do jugo das aparências; então se desvanece a necessidade de mostrar ser o que não é.

Quando você se aceita e se compreende como é, desprende-se da necessidade de ser aceito e compreendido pelos outros, e é quando você passa a aceitar e a compreender os outros e as coisas como são. É nesse momento que você começa a mudar a si mesmo e a mudar quem está e o que está ao seu redor.

## *Poderoso Medicamento*

Não tem contraindicação.

Pode ser utilizado a qualquer hora do dia e em qualquer lugar.

Pode curar todos os males com uma pequena dose, mas pode não fazer efeito nenhum, mesmo quando utilizado em grandes quantidades, pois tudo depende da qualidade da dose.

Na maioria das vezes, não cura mal nenhum, mas é um excelente colírio que nos faz enxergar os males de outra forma.

É um excelente purificante para os problemas do coração; é um ótimo tônico, revigorante e calmante; auxilia no combate ao desânimo, ao estresse e à fraqueza em geral.

Auxilia nossos mecanismos de defesa em todos os sentidos e acelera o processo de cicatrização de feridas.

Alivia os sintomas de opressão no peito, ansiedade e depressão.

Ajuda a eliminar o excesso de peso, especialmente daquele decorrente da retenção de mágoas e apegos inúteis; reduz o apetite pelas coisas inquietantes do mundo.

É bom para a memória, pois nos faz recordar coisas boas há muito tempo esquecidas e também de alguns de nossos erros que insistimos em não lembrar.

Excelente para combater o envelhecimento precoce, pois auxilia a dissolver emoções e pensamentos tóxicos.

Mas só funciona mesmo quando confiamos nos seus efeitos e quando fazemos a nossa parte.

Não custa nada e não se encontra em nenhuma farmácia, pois é um remédio caseiro. Entretanto é necessária uma boa preparação para utilizá-lo adequadamente, especialmente fazendo uma boa limpeza interior.

Esse poderoso medicamento chama-se...


Prece.



## *Confissões*

Me arrependo mais do que falo do que pelo que calo.
Sei mais do que não sei do que do que sei.
Tenho menos que quero, mais do que mereço, exatamente o
que preciso.
Me prendo mais àquilo que me liberta.
Tenho mais apreço por tudo o que não tem preço.

Me importa mais o que mereço do que o que ganho.
Procuro ser melhor do que fui, e não melhor do que ninguém.
Só tenho dois inimigos a vencer: meu orgulho e meu egoísmo.
Invejo todos aqueles que não invejam.
Espero da vida o que não espero.
Tento ser o que realmente sou.
Almejo aquilo que não vejo.
Busco a felicidade não nas coisas,
mas, em todas as coisas, ser feliz.


## *Paz*

Passam tantos pelas ruas
Com os passos apressados
E sob a força das agruras
Andam outros cabisbaixos
Muitos fogem de suas lutas
E do peso de seus fardos

Na corrida do dia a dia
Esvai-se toda a alegria
Em nossa busca insana
De posição, riqueza, status
Beleza, grandeza, fama
Ou apenas prazer imediato

Quantos passam pela vida
Remoendo os seus erros
Cultuando suas feridas
Esquecidos de si mesmos
Indiferentes aos apelos
De suas almas queridas

A flor balança ao vento
O dia é ensolarado
Mas não vivemos o momento
Só futuro e passado
Não olhamos para dentro
Nem olhamos para o lado

Não vemos a chama viva
Do amor que em nós habita
Não prestamos atenção
No bater do coração
Nem no ar que se respira
Nem na voz que nos inspira

Não miramos a verdade
Nem Aquele que nos criou
Somente a dor que nos invade
Ou a felicidade que não vingou
Só vemos a porta que não se abre
Ou o caminho que se fechou

Em nossa sede de bem-estar
Esquecemo-nos de buscar
A riqueza que nunca perece
A beleza que não envelhece
A alegria de fazer o bem
E a de amar sem olhar a quem

Em nossa ânsia de conquista
Deixamos perder de vista
O que é real e verdadeiro
O que realmente tem valor
De que adianta o mundo inteiro
Sem termos paz interior?

Ela não se compra, não se vende
Nem é privilégio de alguém
A gente a encontra quando entende
Que quem mais a dá, mais a tem
E, sobretudo, quando aprende
A por tudo agradecer também

A paz não é como um lugar
Que um dia vamos alcançar
Não importa o quanto se ande
Ela não está em um destino
Nem é um sonho que se satisfaz
Pois como já dizia Gandhi:
"Não há um caminho para a paz"
"A paz é o caminho".

# *Escolhas*

Pessoas irão ofender, magoar e até desprezar você. Mas você escolhe se vai revidar, ofender ou se manter íntegro.

Você não pode evitar que os ressentimentos sondem seu coração. Mas você escolhe se eles farão nele morada ou não.

Você não pode impedir que as pedras do caminho o derrubem de vez em quando. Mas é você quem decide se vai levantar ou ficar no chão se lamentando.

É possível que, em algum momento, você se sinta derrotado diante das batalhas da vida. Mas você é quem decide se vai continuar lutando ou se dar por vencido.

Muitas vezes, você não conseguirá segurar as lágrimas a escorrerem pela face. Mas, entre o caminho da revolta ou o do aprendizado com a dor, a escolha é sua.

Certamente, um dia desses, você irá errar novamente, mesmo querendo acertar. Mas você escolhe entregar-se ao remorso destrutivo ou ao arrependimento saudável e sincero.

Inevitavelmente, um dia, você irá tomar consciência de toda a extensão de suas imperfeições. Mas você é quem escolhe se vai reconhecê-las e procurar ser uma pessoa melhor, ou continuar mentindo para si mesmo.

Você pode até não ser do jeito que você quer. Mas está em suas mãos escolher o que você quer ser.

# *A Centelha do Bem*

Quando acendemos uma luz a fim de iluminar o caminho do companheiro de jornada, estamos iluminando o nosso próprio caminho.

A centelha da esperança que acendemos hoje no coração de alguém poderá ser, amanhã, um farol a guiar nossos passos, acenando ao longe, quando estivermos perdidos na escuridão das tempestades da vida.

O sorriso ameno endereçado ao irmão que caminha sob o fardo do mundo consistirá em estímulo renovador e servirá de alívio à nossa própria dor.

O gesto fraterno, realizado com simplicidade e desinteresse, ficará gravado nas consciências do beneficiado e do benfeitor, para sempre, como um exemplo vivo a ser seguido.

O conselho sincero e amigo poderá não solucionar as intricadas questões do próximo, mas, sem dúvida, poderá clarear-lhe os pensamentos, a fim de tomar boas resoluções, e nos facultará ver, com mais exatidão, a pequenez de nossos problemas.

O prato de comida oferecido, com respeito, ao transeunte faminto, e preservando-lhe a dignidade, poderá não resolver o problema da fome no mundo, mas poderá evitar a prática de um crime ou a queda de alguém no caminho da revolta e, certamente, renovará as energias que sustentam a nossa alma.

Todo trabalho realizado em benefício de nós mesmos ou de outrem é proveitoso, mas a gota de caridade real e verdadeira, depositada no mundo que nos cerca, será sempre um bem eterno.

A renovação do mundo ou a transformação da humanidade, embora peçam nossa colaboração, pertencem a Deus, mas o bem que está ao nosso alcance realizar agora cabe somente a nós mesmos.

Poderemos, agora mesmo, acendendo uma pequena fagulha do bem, dissipar trevas, abrir novos caminhos, iluminar novos horizontes, entretanto, para a permanência por tempo indeterminado nos degraus mais dolorosos da existência, bastará a inércia.

## *Não Tema*

Não tema o mal que lhe possa advir.
Mas tema permanecer imóvel ante a oportunidade de fazer um bem.

Não tema a solidão.
Contudo, receie isolar-se no espinho do egoísmo, que sufoca o direito e a necessidade de outrem.

Não tema a morte.
Tenha medo, sim, de passar pela vida e não viver.

Não tema a vida.
Mas receie sepultar a alma na fuga do vício.

Não tema errar.
No entanto previna-se contra a pretensão à infalibilidade, que, na verdade, é apenas excesso de amor próprio.

Não tema o futuro.
Tema negligenciar o presente.

Não tema a dor, nem a miséria, nem a prova...

O mal que nos atinge é sempre um bem quando o encaramos como uma oportunidade de educar nosso espírito, transmutar valores, adquirir sabedoria.

Entretanto o mal que parte de nós é sempre uma semente jogada no tempo, cuja colheita será inevitável.

## *Em Tudo*

Eu te vejo, Pai, na beleza da vida, na felicidade, na simplicidade do amor, na alegria, na calma, mas, também, na aspereza da dor, que educa e aperfeiçoa a minha alma.

Eu te vejo no sorriso ingênuo da criança, nas rugas do ancião, na lágrima que clama por justiça, na esperança... e na sublimidade do perdão.

Eu te vejo, meu Deus, na flor colorida, perfumada e bela, mas te encontro, da mesma forma, no espinho que a sustenta e no adubo que fertiliza a terra.

Eu te encontro na mão amiga a me socorrer nos instantes de aflição, ou, ainda, naquele que me fere e que me faz sofrer, e se torna teu instrumento a fim de burilar o meu coração.

Posso te sentir no tempo que passa e que tudo transforma. Eu te vejo na luz do anjo ou nas sombras daqueles que ainda não sabem servir, mas vejo-te, também, na pedra, na planta, no verme que espera o porvir.

Eu te vejo na paz daquele que te encontrou; eu te vejo na inquietação, na angústia da busca e na busca que nos leva à perfeição.

Posso ver-te, Senhor, em tudo: na doença, na saúde, no remédio ou na cura, no dia ou na noite escura, na oportunidade da vida ou até mesmo na morte que nos faz conhecer a verdadeira vida.

Em tudo posso ver a tua bondade, a beleza da Criação e a perfeição de tuas leis, que nos conduzem à alegria, permitindo a tristeza, e que permitem alguns instantes de infelicidade para que possamos crescer e aprender, e sermos felizes para o resto da eternidade.

## *Beneficência*

Fazer o bem não cansa. Quando nos encontramos cansados de fazer o bem, é porque não o estamos fazendo bem feito ou não estamos fazendo o bem de fato.

A caridade não está naquilo que se faz, mas no "como" se faz.

A esmola material poderá estimular o ânimo, saciar a fome, prestar um socorro, mas, se parte de um coração orgulhoso ou de um sentimento de superioridade, será simples humilhação.

A doação de volumosa quantia de dinheiro a uma entidade filantrópica certamente tornará possível a realização desse ou daquele benefício, mas quando não está alicerçada no desejo sincero de auxiliar ao próximo e no desprendimento de si mesmo, evidencia apenas prodigalidade ou orgulho.

A palavra eloquente poderá esclarecer, aconselhar, consolar, porém, se não estiver calcada em princípios de verdadeira fraternidade, será um belo adorno vazio por dentro.

A generosidade que visa ao destaque na opinião pública é tola vaidade.

Os gestos de bondade que visam à retribuição de qualquer espécie revelam que o móvel maior de nossas ações ainda é o egoísmo.

Semear benevolência junto aos menos afortunados cultivando a intolerância para com os companheiros de ideal é envenenar os frutos da colheita.

Embora, pela natureza do mundo em que vivemos, não possamos encontrar ainda o bem sem mescla, toda iniciativa de fugir do "eu" inferior, por meio do trabalho beneficente, já demonstra o desejo íntimo de progredir da criatura humana.

Entretanto, em todas as tarefas nobilitantes a que nos propomos realizar, será sempre pertinente fazermos uma pergunta a nós mesmos: como tem sido o bem que fazemos? Com caridade ou sem caridade?

## *Divino e Humano*

De tempos em tempos, Instrutores Espirituais vêm ao plano físico ensinar-nos valores morais; o homem, por sua vez, instituiu o moralismo.

Prepostos do Alto, no transcorrer dos séculos, trazem-nos as luzes da verdade; o ser humano, por outro lado, estabeleceu os dogmas.

Embaixadores Celestes, em todas as épocas e regiões do planeta, encarnados na figura de pessoas simples, mostram-nos o caminho e exemplificam-nos a virtude; o homem criou as religiões.

Deus criou-nos à sua imagem e semelhança, mas, no caminho inverso, temo-Lo feito à nossa imagem e semelhança, imaginando-o como um Senhor com todas as imperfeições humanas, vingativo, cruel, que deve ser temido, em vez de amado.

A Sua palavra encontra-se por toda parte e está grafada na consciência de cada criatura, mas nós pretendemos aprisioná-la em livros sagrados, como se ela pertencesse a uma só cultura, um só povo escolhido, privilegiado.

Nosso Pai, que está nos Céus, enviou-nos Jesus; nós o crucificamos, ou, muitas vezes, o esquecemos.

Jesus trouxe-nos a Boa Nova, esse maravilhoso compêndio de ensinamentos para uma vida feliz entre os homens; ele ensinou-nos e exemplificou-nos o amor entre a multidão, no alto do monte, na casa de um pescador, num barco, porém temos escondido esse código de leis eternas dentro de igrejas, monastérios e por trás de cultos exteriores.

O Pai Celestial criou a oração como forma simples e cristalina de nos comunicarmos com Ele, por meio do pensamento; os homens, de outro modo, instituíram o sacerdócio, interpondo representantes entre Ele e nós, esquecidos de que Ele é quem escolhe Seus representantes, e não nós.

Em toda parte, em todas as culturas e povos, encontraremos traços da presença de Deus entre os homens, mas como ainda estamos muito distantes da comunhão perfeita com nosso Pai, há sempre que fazermos a distinção daquilo que vem de Deus e o que vem dos homens.

## *Verdade e Vida*

Diante do interesse, argumentos não interessam.
Para quem quer a ilusão, a verdade é inconveniente.
Onde impera a fé cega, a razão não é bem-vinda.
Perante o preconceito, conceitos novos nada valem.
Em quem a paixão vigora, o bom senso não tem vez.
Quando o egoísmo predomina, o senso de justiça se distorce.
Em face do orgulho desmedido, a consciência se entorpece.

Mas onde há boa vontade, a razão se ilumina.
Em quem busca o bem, o amor aquece a vida.
Para quem vive o amor, a verdade é força viva.
Ao que reconhece sua ignorância, o orgulho não
obscurece a vista.
E quando se vencem as barreiras do ego, a sabedoria se
conquista.

## *Caminhos*

Aos que vivem na inércia ou no ócio
O aprendizado é encontrar a alegria do trabalho
Aos que não impõem limites aos seus esforços
A lição talvez seja respeitar o corpo e o horário

Quem vive a reclamar de tudo e de todos
Precisa despertar para a terapia da gratidão
Quem se acomoda e enterra o sonho aos poucos
Precisa mobilizar as forças da coragem e da ação

Para o forte, que crê poder tudo enfrentar
Talvez precise perceber sua própria fraqueza
Para aqueles que vivem a lamentar e a chorar
O momento pede o exercício da própria firmeza

Para um, o aprendizado será o de conter o ímpeto
Para outro, a lição é se soltar e ser menos contido
Enquanto alguém precisa olhar mais o seu íntimo
O outro precisa olhar para fora e ser o ombro amigo

Se, para uns, o caminho é viver com mais alegria
Outros precisam encarar a vida com mais seriedade
Se, para uns, o conselho é deixar fluir a vida
Outros precisam de disciplina e força de vontade

Os caminhos de cada pessoa não são iguais
Porque cada um está num degrau, numa fase
Assim, nem sempre existem conselhos universais
Por isso, tantas formas de ver, tantas verdades

Tuas vivências e tua sabedoria são muito belas
Mas não queira que os outros sigam a tua cartilha
Todos nós vemos o mundo de nossas janelas
E não conseguimos ver além de nosso ponto de vista

Nem sempre o oposto da verdade é uma falsidade
Pode ser apenas a mesma verdade vista por outro lado
E, se no mundo, encontramos tanta diversidade
Não existe uma só receita para o certo ou errado

Nem existe um só caminho para a felicidade
Cada um recebe o fruto das escolhas que faz
Aprendendo com o bem, o erro e até a maldade
Pois que, cedo ou tarde, todos os caminhos levam ao Pai

# *Feliz Ano Novo*

Para quem crê que tudo se encerra
Nessa faixa estreita da visível matéria
E que nada além desta vida espera
A hora do adeus é aflição pungente
Aquele que se vai, vai-se para sempre
Não existe o futuro, apenas presente

Para quem não crê que exista o pós-vida
Quem não tem uma fé ou apenas duvida
Cada ano que passa é mais vida perdida
A procura do prazer é fome inquietante
Para não envelhecer, uma luta incessante
E a felicidade é a alegria de um instante

Tudo é diferente para aquele que sabe
Que esta vida terrena é apenas passagem
E simples vestimenta nosso corpo de carne
Toda dor é um impulso que nos faz progredir
As provas são lições que nos fazem evoluir
E nos levam a pensar na razão do existir

Novo ano que chega, se renova a esperança
Novas lutas surgem e, com elas, mais confiança
Na grandeza da vida e naquele que se fez criança
E esteve no meio de nós para traçar-nos o roteiro
Não de sucesso, beleza, facilidades ou dinheiro
Mas de alegria, paz interior e de amor verdadeiro

Quem vive em Jesus, quem vive em Deus
Não teme a morte e sabe que breve é o adeus
Pois sempre há o reencontro junto aos amados seus
Quem sabe o sentido vida, compreende a eternidade
Mas valoriza a hora que passa e não perde oportunidade
Pois percebe, também, da vida física a sua brevidade

Para quem leva a vida assim, vive a vida leve
Mas também se esforça e não se deixa entregue
Nem à lamentação nem à revolta, e não desce
A ladeira dos mesmos vícios e erros de sempre
Pois ser feliz é uma conquista, é mudança na gente
É mudar como pensa, como faz e como sente

Então para ter feliz o ano novo, é preciso renovar
Fazer do novo ano aquilo o que a gente esperar
Aproveitar cada minuto, cada dia, e semear
Fazer a nossa hora e não esperar acontecer
Mas com a certeza de que sempre vai haver
Mais um feliz ano novo, para mim e para você

## Simples Assim

Não se repara uma injustiça cometendo outra. Então é importante prestar atenção às coisas que fazemos ou falamos em nome da justiça.

Combater a violência com mais violência só gera mais violência, seja física, verbal ou moral; além disso, você acaba ferindo pessoas inocentes e, por fim, ferindo a si mesmo, de novo.

Ninguém se torna uma pessoa melhor denegrindo a imagem de alguém.

Quem se sente feliz com o fracasso alheio apenas atesta que se sente um fracasso.

Ressentimento guardado por muito tempo torna a vida amarga, traz doenças e torna amarga a pessoa que o mantém; afugenta os amigos e infelicita os entes queridos.

Vingança é prato que se come frio... e estragado, e envenenado.

Orgulho é uma fantasia que vestimos, com seus adereços e máscaras, que, com o passar do tempo, vai ficando pesada demais para ser sustentada.

Explosões de fúria só fazem mal, a começar por aquele que se encolerizou, depois a todos os que ele ama.

Evitar os problemas, as conversas difíceis, silenciar diante da injustiça, não é o mesmo que viver em paz, mas omissão e falta de coragem, que roubam nossa paz interior.

Chorar, na maioria das vezes, alivia o coração, mas não resolve os nossos problemas.

A vida não nos pede que alimentemos culpas, mas apenas que reconheçamos nossos erros e procuremos corrigi-los, aprendendo com eles.

Desilusão não é uma coisa ruim; ruim é continuar vivendo na ilusão.

## Contradições de Nosso Tempo

Hoje temos muitas informações disponíveis, e qualquer informação está ao alcance de um clique, mas nos faltam tempo e paciência para ler e refletir, porque a velocidade de nossas vidas comporta somente uma leitura rápida e uma visão superficial das coisas.

A tecnologia tornou possível estarmos conectados com o mundo inteiro em tempo real, mas, de tão concentrados em nossos smartfones, tablets e notebooks, às vezes, nos esquecemos de nos conectar com quem está ao nosso lado.

Dispomos de redes sociais, nas quais compartilhamos fotos, imagens, vídeos, palavras de sabedoria e coisas divertidas com nossos amigos virtuais, mas temos dificuldade de compartilhar o nosso tempo com nossos amigos presentes fisicamente, na forma de uma boa conversa.

Já pisamos na Lua e planejamos fazer uma viagem tripulada, e sem volta, a Marte; enquanto isso, nosso planeta está sendo destruído com o lixo que produzimos, o desmatamento de florestas, a emissão de gases na atmosfera que provocam o aquecimento global e com a poluição de rios e mares, causando a extinção de inúmeras espécies.

A ciência e a tecnologia trazem, cada vez mais, conforto e comodidades à nossa civilização, mas, também, maior sofisticação nas formas de destruição, com armas tão poderosas que ameaçam todas as formas de vida no planeta.

Nunca estivemos tão globalizados; nunca os problemas do nosso mundo nos afetaram tanto como agora e nunca se percebeu tanto como hoje que os problemas de nosso quintal afetam tanto o nosso mundo, porém, na mesma medida, crescem o individualismo e o distanciamento da vida em comunidade.

As notícias pela TV geralmente nos abalam, mas, de modo geral, permanecemos indiferentes àqueles que estão ao nosso lado, passando por verdadeiras calamidades em suas vidas particulares.

Vivemos uma época de supervalorização do novo e desprezo pelo velho, porém, mais rápido do que nunca, o novo fica velho, obsoleto, descartável, o que se reflete em nossos relacionamentos, ideias e modismos, que se tornam descartáveis assim como os produtos que compramos nas lojas.

A liberdade é o valor maior das sociedades democráticas, mas vivemos presos e oprimidos de outra forma: oprimidos pelo medo de ataques terroristas, presos atrás das grades de condomínios de luxo, por medo da violência urbana, que cresce na mesma proporção em que cresce o número dos excluídos da sociedade, que são cativos de suas misérias e de suas necessidades da vida material.

Inventamos o automóvel, que permite nossa locomoção rápida por grandes distâncias, mas nossas ruas estão tão cheias de carros, geralmente quase vazios, que não conseguimos nos locomover em grandes congestionamentos.

O nosso mundo é movido pelo mercado e, cada vez mais, o mercado cria coisas maravilhosas que, geralmente, atendem às necessidades do mercado; nem sempre às necessidades reais dos seres humanos.

A medicina, com suas novas tecnologias e conhecimentos a serviço da saúde, cura doenças, mas nossa sociedade, como nunca, cria seres humanos doentes, sedentários, neuróticos e reféns das grandes indústrias de alimentos, de bebidas, de medicamentos e de produtos hospitalares, que nem sempre têm nossa saúde como prioridade, mas o lucro.

O culto ao corpo perfeito é uma obsessão da nossa era, o que nem sempre significa mais saúde ou bem-estar, mas, por vezes, a coisificação do ser humano, que a tudo transformou em produto, inclusive seu próprio corpo, passível de ser exibido, exposto como numa vitrine, consumível, descartável, que desloca o foco da nossa vida da essência para a aparência.

A sociedade do consumo cria o mito da felicidade com base no "ter" – dinheiro, bens, status, beleza, sucesso – e no "parecer" – ser bem-sucedido, realizado, com corpo em forma –, enquanto o verdadeiro "ser" ainda não encontra real satisfação, e como não a encontra, procura preencher o vazio em novas buscas pelo "ter" e pelo "parecer".

Numa época em que predominam o materialismo e o ceticismo, as religiões crescem como nunca, porém algumas delas se desenvolvem segundo a lógica de mercado e segundo a lógica da busca por poder e dinheiro de seus líderes, mediante a promessa de satisfação dos desejos imediatistas de seus seguidores.

Apesar de tantas coisas que nos fazem descrer da humanidade, a fé permanece intacta, ou melhor, mais viva do que nunca, e até a própria ciência vem ao encontro da fé e da espiritualidade, demonstrando o quanto elas interferem na nossa saúde e determinam nossas vidas.

Em meio a um período histórico de grandes contradições e ambivalências, cabe-nos discernir, refletir, separar o joio do trigo, desconfiar de verdades absolutas e prontas, de visões de mundo unânimes ou hegemônicas. É preciso resgatar o que há de melhor no ser humano: sua humanidade, sua capacidade de ser melhor do que já foi, de escolher ser o que quer ser, de sonhar e alcançar o sonho, de reciclar o velho e recriar o novo.

## *Necessidades Básicas*

A casa de pedra ou de madeira abriga-nos do frio e das intempéries da natureza, enquanto o verdadeiro lar é o refúgio que abriga os corações e protege-nos das tempestades da vida.

O emprego e o empreendimento fornecem-nos as condições para o sustento do corpo; o trabalho edificante e realizado com amor e boa vontade é o sustento da alma.

Os sistemas de vigilância, a polícia e as armas proporcionam a segurança em nossa sociedade, porém somente o bem que parte de nós é o que pode impedir que o mal nos atinja de fato.

Os códigos e as leis garantem a justiça e o equilíbrio nas relações do mundo exterior, mas apenas o cumprimento de nossos deveres morais garante o acesso aos nossos direitos prescritos pelas leis eternas.

O pão, o ar que respiramos e a água são o alimento para o corpo; a oração e a meditação são o alimento diário do espírito.

A saúde do corpo reclama boa alimentação, descanso, atividade física, medicação, hospitais, médicos, saneamento básico; no entanto, a saúde plena e duradoura, assim como a verdadeira cura, exige a nossa reeducação interior.

A educação para a vida material exige-nos estudo, leitura, material didático, professores, escolas; contudo, para alcançarmos sabedoria, é preciso algo mais: é necessário o olhar para dentro, sentir com o coração a nossa real essência, olhar para a vida com "olhos de ver", ouvir em silêncio os recados que a vida tem a nos dizer.

Moradia, emprego, segurança, justiça, alimento, saúde e educação são necessidades básicas do ser humano para a vida material. Mas não ignoremos que as reais necessidades residem na alma, e para atendê-las, é necessário sempre um movimento de dentro para fora.

## *Tempo de Extremos*

Tempo de extremos e de extremistas
Ninguém escuta, todo mundo grita
Todo mundo fala, todo mundo opina
Uns apontam para a esquerda a solução
Outros acenam para a direita, em vão
Se não aprendermos a olhar para cima

Toda doutrina, teoria, partido ou igreja
Toda ideologia, por mais bela que seja
Fracassa diante do interesse pessoal
Sucumbe diante do egoísmo, do mal
Que existe dentro de cada ser humano
E só combatê-lo fora é grande engano

Belo ornamento é a palavra sem ação
O querer ensinar sem aprender a lição
Quem prega respeito desrespeitando
Quem combate a violência violentando
Brada, briga, despende energia a esmo
Pois é só mais uma variação do mesmo

É só a renovação da velha hipocrisia
Que veste os homens na mesma fantasia
De defender a ética feita para os outros
E fazer valer justiça somente para poucos
Tornando-os cegos perante os seus erros
E indiferentes ao mundo e seus desterros

Vivemos num tempo de muitos direitos
Escritos em códigos e leis, em várias línguas
Mas que não são suficientes para dar jeito
Nas tantas mesas que se encontram vazias
Não dão conta de aplacar o vazio e a dor
Gerados pelo desespero e a fome de amor

Nada se consegue vencendo discussão
Prosperidade é fruto do trabalho e união
De todo um povo em torno do bem comum
A vitória não vem somente das mãos de um
Mas das mãos que se dão em torno da gente
Aprendendo a conviver com que vê diferente

Se queres convencer alguém, exemplifica
Se procuras um mundo melhor, edifica
Perante a injustiça e o mal, mostra a outra face
Diante da luta da vida social, não te afastes
Perante o intolerante, tolera, ama, silencia
E se queres o bem ao teu redor, vivencia

## *Projeto de Vida*

Ser feliz.
Se não conseguir ser feliz, achar o caminho.
Se não achá-lo, caminhar feliz.

Ser útil.
Até o fim, e depois do fim.
Ser útil, mas não necessário.
E perceber meu valor e o das pessoas além da própria utilidade.

Ser aprendiz.
Aprender a aprender.
Aprender a ensinar.
Aprender a ouvir mais que falar.
Ensinar o que aprender.
Aprender o que ensinar.

Ser fé.
Acreditar em mim.
Crer n'Aquele que tudo pode.
E que muito posso quando creio.
E que quando minha vontade se une à Dele, nada é impossível.

Ser amor.
Amar o que sou.
Com minhas sombras e minha luz.
Fazer tudo aquilo que amo.
Amar tudo o que faço e tudo fazer com amor.
Amar os que amo, com atitudes mais que palavras...
E com verdadeira gratidão.
Amar quem não amo, com o bem e o perdão.

Ser vida.
Curar-me, plenamente.
E ajudar alguém a curar-se
Viver em paz.
Viver a paz.
Deixar paz por onde passar.
Deixar vida após a vida.
Viver a vida além da vida.

Ser simples.
Ser simplesmente eu.
Ser apenas o que sou.
Ser apenas um.
Ser um com Deus.
Ser o Deus que há em mim.
E ver o Deus que há em ti.
E ver brilhar a nossa luz.

Ser.
Não parecer.
Não perecer.
Não precisar ter.
Ser o melhor de mim.
Ser o ser que há em mim.
Apenas ser.
Transcender.

## *Sentido*

Ao mirarmos uma estrela, percebemos logo sua luz, seu calor, sua grandeza, mas não notamos o imenso espaço aparentemente vazio e escuro que a circunda.

Uma flor no deserto faz-nos esquecer, por alguns instantes, todo o terreno árido ao seu redor, as pedras, a poeira, os grãos de areia que a envolvem e o subsolo que a sustenta.

O nosso planeta é pródigo em lugares cheios de vida, ricos em fauna e flora, mas nos esquecemos que eles dependem dos lugares mais inóspitos: das cadeias montanhosas que favorecem o ciclo das águas; dos polos gelados, que possibilitam a circulação das correntes oceânicas.

Em cada um de nós há muita luz, certamente, mas sombras também, e estas são importantes para que apreciemos, de forma mais distinta, a beleza das cores.

Alguns instantes de felicidade valem mais do que todos os momentos de angústia, dúvida ou tristeza reunidos, mas os momentos de aflição são valiosos instrumentos de nosso aperfeiçoamento, impulsionando-nos para alcançarmos a verdadeira alegria interior.

Aquele que saiu de um labirinto precisou, sem dúvida, passar por muitos caminhos errados, becos sem saída, estradas que não levaram a lugar algum, mas dificilmente ele teria se libertado sem os momentos de tentativa e erro.

Uma pessoa que alcançou a vitória, o sucesso, quantas derrotas não terá enfrentado! Quantas lutas não terá vivido e quantos degraus não terá escalado para chegar ao cume! São os fracassos que mais nos ensinam e são as dificuldades que nos fortalecem para triunfarmos.

Talvez você esteja passando por momentos de sombra, dúvida, fracasso, aflição; talvez esteja passando por momentos que não façam sentido algum. Mas é a soma de tudo o que vivemos que nos leva ao aprendizado e à sabedoria; são os degraus que nos levam ao cume; são as dificuldades que nos conduzem à vitória; são as sombras que nos fazem ver a luz; e quando encontramos a luz, tudo se ilumina ao nosso redor... E é quando todo o resto faz sentido.

## *Luz no Olhar*

Tem palavra que carece de ação
E tem ação que não carece de palavra
Tem silêncio que quase tudo fala
E tem silêncio que parece oração

Tem amor que mais parece egoísmo
Que ofende, prende e fere lá no fundo
E tem a mão que te puxa lá do abismo
E que te faz alguém melhor pro mundo

Tem amigo que te dá conselho
Tem amigo que até parece inimigo
Tem aquele que quer ser teu espelho
E tem o que está sempre lá te ouvindo

Tem prazer que mais parece droga
Que suga quase toda nossa energia
Tem dor que aperta, dói e afoga
Mas que desperta a alma pra vida

Tem caminhos que não levam a nada
Tantas utopias que não têm futuro
Tem sonhos que são o Sol na estrada
E tem quase nadas que são quase tudo

Tem esmola que maltrata, humilha
E tem quem dá o próprio coração
Tem doação de quem se coloca acima
E tem caridade de irmão para irmão

Na verdade, nem tudo é o que parece
E aquilo que nos parece não é tudo
Se a luz do Sol faz o dia que amanhece
A luz do olhar é a luz que move o mundo

## *Relacionamentos*

Nada do que você fizer poderá garantir que uma pessoa permaneça ao seu lado ou que ela o ame. O máximo que a gente pode fazer é amar, mas o que o outro sente, faz ou decide não está em nossas mãos.

Uniões afetivas entre duas pessoas que se comprometem apenas uma com a outra podem ser mais verdadeiras e conforme as leis de Deus do que muitas uniões realizadas perante o sacerdote ou o juiz.

Nem sempre estar junto debaixo do mesmo teto significa que haja amor, que haja sucesso no relacionamento ou que haja casamento de fato. Às vezes, casais se mantêm unidos por jogo de interesses, medo de ficar só, dependência, subjugação psicológica, violência, descrença na própria capacidade de ser feliz ou crenças equivocadas.

A separação nem sempre significa que o amor acabou; pode ser que o amor permaneça, porém de outra forma, pois existem muitas formas de amar. Mas pode ser, também, que nunca houve amor de fato.

O término de um relacionamento não significa fracasso, mas apenas que duas pessoas tiveram um aprendizado juntas e agora estão trilhando caminhos diferentes, ou quer dizer, simplesmente, que as pessoas têm a liberdade de fazer novas escolhas a cada dia. No entanto, manter unidas duas pessoas que não estão mais unidas de fato, manter um relacionamento à força, que não faz bem, que gera a infelicidade no lar, em que não há amor nem respeito, isso, sim, é um fracasso pessoal.

Ficar só também não é nenhuma derrota. Todos nós, em algum momento de nossas vidas, ficamos ou ficaremos sós, e é necessário se relacionar bem consigo mesmo para que se consiga criar uma nova relação sadia com alguém.

Sentir-se só, porém, é diferente de estar só. Sentir solidão é um chamado para a reflexão sobre a maneira como você se relaciona com outrem ou consigo mesmo. Há pessoas que se sentem sós mesmo tendo um relacionamento estável e família formada.

Difícil manter uma relação sem que haja perdão. O perdão é uma necessidade diária, mas perdoar não significa ser conivente com o abuso, e perdoar também não quer dizer que, necessariamente, mantenha-se a mesma relação.

O amor liberta, nunca aprisiona; do contrário, não é amor. Quando nossa forma de nos relacionarmos com alguém é baseada em exigências, imposições, obrigando o outro a agir conforme a nossa vontade, mais o afastamos de nós.

O compromisso que temos com alguém não pode ser mais importante do que o compromisso que temos perante nós mesmos, perante nossa própria consciência, perante nossa vida. Se um relacionamento nos afasta de nós mesmos, torna-nos pessoas piores para com aqueles que nos cercam, então é hora de repensá-lo.

Relacionamento sadio é amar e respeitar o parceiro como ele é, e não querendo modificá-lo, moldá-lo ao que queremos que ele seja para nós, pois isso é mais egoísmo que amor. Isso não quer dizer que as pessoas não possam evoluir, crescer, amadurecer, mas esse processo somente ocorre no tempo de cada um, e não no nosso.

É um contrassenso exigir fidelidade e manter uma relação com indiferença, desamor, falta de carinho ou respeito, pois essa é uma forma de destruir a relação por inanição, desnutrição de afeto. Há quem viva desse modo e depois se admira ou se revolta por ver o parceiro buscar afeto e carinho em outra relação.

Manter uma relação sem amar o suficiente, alimentando falsas esperanças em quem está ao nosso lado, é receita para o sofrimento, é semear o lar infeliz de amanhã. Seja sincero com o outro e consigo mesmo, para não ser infeliz, para não fazer o outro infeliz, para não criar filhos infelizes.

O prazer é um aspecto importante em qualquer relação e na vida de qualquer ser humano, e não pode ser negligenciado. Porém relações que visam somente ao prazer e à satisfação dos sentidos, sem levar em conta os sentimentos, sempre acabam machucando todos os envolvidos, inclusive os eventuais frutos, os filhos. Relacionamentos assim são uma forma de tratar pessoas como objetos e, cedo ou tarde, aquele que se colocou na condição de objeto reclama sua condição de ser humano, que tem sentimentos e não apenas sensações.

As relações de uso não existem somente onde há promiscuidade. Há relações monogâmicas, de casais há muito tempo unidos, em que há relação de uso, em que alguém explora ou se utiliza do outro, ou, ainda, coloca-se na condição de objeto.

Ninguém tem a posse de ninguém. A gente só pode ter ou perder coisas, não pessoas. Quem tem sentimento de posse trata o outro como coisa, e esse é o caminho mais curto para perder o afeto dessa pessoa.

Para uma pessoa ser amada e respeitada é preciso que ela se ame e respeite a si mesma. Quem se permite ser tratado como coisa, dificilmente encontrará um parceiro que a ame; encontrará somente pessoas que gostem de tratar os outros como objeto.

É preciso verbalizar o que sentimos pelo outro, mas, mais do que isso, é necessário converter em atos o amor que expressamos em palavras; do contrário, serão apenas palavras vazias. As atitudes revelam o que as pessoas sentem uma pela outra muito mais do que suas palavras.

O diálogo é essencial para uma relação duradoura e vai muito além do que se fala – ele envolve os gestos, os olhares, o tom de voz e, principalmente, o escutar –, mas não adianta querer forçar o outro a falar, ouvir, entender, assim como de nada adianta forçar a tartaruga a sair do casco. Muitas vezes, é preciso esperar, exercitar o silêncio e a compreensão.

Sentimentos mudam, transformam-se, a beleza física passa, a juventude e a paixão também passam, mas o que é real fica: a beleza do amor que se renova e se fortifica, que se divide e se multiplica; o prazer da convivência e de compartilhar cada momento, de tristeza ou de alegria; a felicidade de poder dividir uma vida, de desnudar corpo e alma; a satisfação de poder sentir e entender, e de ser sentido e entendido sem se dizer uma palavra; a satisfação de perceber que tem alguém ali sempre ao seu lado mesmo que não esteja presente fisicamente.

## *Lei de Amor*

Quando o amor ainda está mesclado com os impulsos do instinto e do desejo, nós o encontramos sob o nome de paixão.

Quando o amor traduz afinidade, carinho e respeito mútuo, nós o chamamos de amizade.

Quando o amor resvala pelos caminhos áridos do ciúme e da posse, ele aprisiona, e é quando encontramos o apego.

Quando o amor liberta, nós o chamamos de renúncia.

Quando o amor ainda está fechado em si mesmo, como semente escura e enclausurada, nós o chamamos de egoísmo.

Quando o amor se expande como um sol ardente, em benefício do semelhante, torna-se divino e o chamamos de caridade.

O ódio é apenas a ausência do amor, assim como a sombra é a ausência de luz, ou, então, é o amor traído e, por isso mesmo, tempestuoso.

O amor é como o Sol, está por toda a parte; a diferença está na maneira como o refletimos.

O amor é a força que une os mundos, até mesmo mundos tão diferentes, como eu e você. Está presente nos pequenos seres e até nos recantos mais escondidos do coração.

Quando nos afastamos desse amor, sentimos o frio e a infelicidade na alma. Se nos aproximamos dele, sentimos a paz e a alegria, mas esse amor terá matizes diversos, segundo a nossa capacidade de percebê-lo em nós.

Essa é a lei da vida.

Estamos imersos nesse amor.

Viemos dele...

E é para ele o destino de todos nós.

Amai-vos.

Vós sois amor!

## *Sucesso*

No modelo de sucesso, em nosso tempo, vigente
Não importa o quão cada um de nós seja diferente
Não interessa o que se passa dentro da gente
O que mais vale é ser alguém importante
É conseguir fazer na vida alguma obra relevante
Mesmo que de si mesmo se esteja tão distante

É galgar os melhores postos na sociedade
Ainda que os meios usados para tal finalidade
Sejam menos dignos ou não tão nobres na realidade
Para ser alguém de sucesso, alguém considerado
O mundo enxerga muito mais o fim, o resultado
Enquanto o esforço nem sempre é tão valorizado

Aquele que lutou uma vida inteira, se esforçou
Foi honesto e bom, mas o pódio não alcançou
Para o mundo, será só um *loser*, um perdedor
Ainda que ele esteja em paz consigo mesmo
E embora não traga nenhuma medalha no peito
Faça do bem e da arte de viver o seu melhor feito

Quantas pessoas de sucesso existem no mundo
Que para si mesmas não têm um só segundo
Ou que lá no poço já alcançaram o seu fundo
Que sorriem nas *selfies* ou que exibem um corpão
Mas que vivem infelizes, à base de medicação
Têm milhares de seguidores, mas sentem solidão

Os bem-sucedidos, em suas dicas, nem sempre falam
Dos seus funcionários e amigos que o ajudaram
Dos pais, mães e professores que o educaram
Às vezes, se esquecem de que nada fizeram sozinhos
E que muitas pedras, por "sorte", apartadas do caminho
Foram movidas pelo invisível, que guia nosso destino

As dicas de autoajuda para qualquer um se dar bem
São inócuas para aqueles que nem sequer têm
A opção de saírem do leito sem a ajuda de alguém
São frágeis diante daquele que sofre e não superou
A dor ou a violência que, emocionalmente, o arruinou
Pois ninguém passa, exatamente, o que o outro passou

A ideologia do sucesso é movida pela competição
Num mundo governado pelo capital e pela exploração
Numa corrida desigual que nos gera a bela ilusão
De que dos melhores postos todos podem ser ganhadores
E os que não conseguirem é porque são perdedores
Tal sistema de ideias só interessa aos exploradores

Mas é possível entender o sucesso de outro jeito
Na mãe que amamenta e aconchega em seu seio
No que nasce diferente e enfrenta o preconceito
Naquele que descobre a si mesmo e não usa disfarce
No que enfrenta a própria dor e resolve curar-se
Em quem recebe desamor e oferece a outra face

# *Crenças*

Não te inquietes em convencer o companheiro a seguir tuas crenças. Demonstrarás, de fato, tua crença quando procurares exemplificar aquilo que crês.

Como poderás demonstrar a existência de um Deus Pai, de infinita bondade e justiça, se não ages como irmão do teu irmão? Se te revoltas ante os Seus desígnios? Como pensas em ensinar a realidade da vida futura apegando-se às coisas da vida material? Como queres divulgar as tuas verdades se ainda não as colocastes em teu coração?

Certamente que não devemos, por isso, buscar a estagnação do bem, cruzando nossos braços perante a tarefa de iluminação, consolação e esclarecimento, mas como exigir a transformação moral do outro sem realizarmos a nossa própria transformação moral?

A história da humanidade está repleta de exemplos de guerras, assassinatos, torturas e desvios em nome da religião. Em nosso passado obscuro, e ainda hoje, temos misturado a mensagem cristalina da fé ao terreno lamacento das vaidades, da prepotência e das paixões inferiores.

Será por uma falha das religiões? Não, pois, em essência, todas ensinam o bem. É porque o homem tem moldado a religião segundo seus interesses, em vez de moldar a si mesmo segundo os preceitos ensinados. É porque temos relegado sempre para segundo plano a tarefa de nos reformar interiormente. Preferimos reformar primeiro o outro, a comunidade, a sociedade, o país, o mundo.

Queremos, cada vez mais, trazer adeptos à nossa crença particular, acreditando que, assim, o mundo será melhor ou, talvez, somente para atender a uma questão de satisfação do ego. Enquanto não nos reformarmos, encontraremos em nosso grupamento religioso um grande número de adeptos, simpatizantes, pensadores notáveis, oradores eloquentes, hábeis escritores, bons interpretadores de textos sagrados, mas não de pessoas de bem.

De que adiantará as igrejas estarem cada vez mais cheias se os corações permanecerem vazios? Se não diminuírem a orfandade, a exploração, a miséria e a corrupção? Se as famílias continuarem se desfazendo no egoísmo, na incompreensão e na intolerância? Se não houver em nosso coração espaço para o perdão e para o amor?

Por isso, mais importante do que sua crença é o que você faz com ela, o que ela faz com você e como ela lhe torna uma pessoa melhor para o mundo.

## *A Deus*[2]

Pai,
Que bom saber que a vida continua
Que aí, do outro lado da rua
A vida prossegue, mais viva e bela do que nunca
Que, após tantos anos de luta
Você terá o descanso merecido
Abraçando de novo o serviço com o Cristo
Na alegria do trabalho abnegado
Pois, pra você, sei que o inferno seria ficar parado
No ócio de um céu imaginário

---

[2] Nota do autor: poema dedicado ao meu pai, Flávio, escrito assim que ele retornou à pátria espiritual.

Bom saber que você só atravessou a porta
Que leva para outra estação
Que você não se foi para longe; está perto
Apenas está em outra dimensão
Bom saber que o reencontro é inevitável
Com aqueles nossos entes bem-amados
Que um dia partiram, deixando-nos na retaguarda
Bom saber que o verdadeiro amor entre almas é inseparável
E, para elas, o tempo, a distância e a morte não são nada

Assim, para quem fica o fardo parece mais leve
Bom saber que o adeus, na verdade, é somente um "até breve"
Bom saber que agora e sempre sua alma está entregue
A Deus

# *Não Basta*[3]

Não basta o calor das tuas mãos; preciso da luz do teu olhar.

Não bastam os teus carinhos; preciso de tua compreensão.

Não bastam as juras de amor eterno; é preciso uma palavra amiga na hora certa.

Não basta teu sorriso; preciso da tua emoção.

Não basta o desejo; é preciso o querer bem.

Não basta dormir na mesma cama; é preciso trilhar o mesmo caminho.

---
[3] Nota do autor: poema dedicado à minha esposa, Marlene.

Não basta ver a flor; preciso conhecer também teus espinhos.

Não basta ter você; preciso do teu amor.

Não basta teu amor; preciso de tua amizade.

Não bastam essas linhas; é preciso viver.

Não basta viver, mas basta te amar.